하루 한 편
순종 묵상

0

이영숙의 성품큐티

하루 한 편
순종 묵상 ①

초판 1쇄 2019년 1월 3일

지은이 이영숙
펴낸이 김희종

책임편집 강우정, 조은혜
디자인 윤지은

펴낸곳 LYS좋은나무성품학교
등록번호 제2016-000074호
등록일자 2016년 6월 16일
주소 서울시 송파구 백제고분로 187
전화 1577-3828
전자우편 goodtree@goodtree.or.kr
홈페이지 www.goodtree.or.kr

ⓒ이영숙, 2019
페이스북 • characterlee

ISBN 979-11-6326-071-4
      979-11-6326-047-9(세트)

# 하루 한 편 순종묵상

이영숙의 성품큐티

순종의 성품으로 축복의 문을 여는 시간

0

LYS좋은나무성품학교

# 차 례

# 순종 묵상집을 출간하면서

〈하루 한 편 순종 묵상〉을 출간하게 된 것을 기쁘게 생각합니다.

매일 하루에 한 번씩만이라도 말씀을 묵상하고 그 말씀대로 순종한다면 어떤 일이 일어날까요? 세상이 감당하지 못할 사람이 되고 축복들이 넝쿨처럼 열매 맺게 될 것입니다. 다행히, 모본을 보여주신 예수님 덕분에 순종은 그리 어렵지 않은 길, 축복의 길이 되었습니다. 우리도 그 축복을 경험하길 바라는 마음으로 순종 묵상의 문을 열어봅니다.

하나님의 사랑과 공의, 예수님의 은혜와 진리의 성품을 좋은나무성품학교의 '공감인지능력'과 '분별력'이라는 두 가지 덕목과 12가지 성품으로 세상에 펼친 지 올해로 15년 되는 해입니다.

초등학교에 '순종'의 성품이 교육내용으로 들어갈 때 교장선생님들의 가장 큰 우려는 학부모들이 반발하지 않을까 하는 것이었습니다. '포스트모더니즘'과 '상황윤리' 철학들이 현대인의 머리와 가슴에 박혀 있는 현실 속에서 순종을 가르친다는 것이 부담으로 다가오는 것은 당연한 일이라고 생각됩니다.

그러나 다음 세대에 순종을 가르치는 것은 비고츠키(Lev Semenovich Vygotsky)가 말한 '비계'(飛階)를 설정하는 중요한 일입니다. 성숙한 어른들이 보여주는 순종의 삶은 아이들이 자연스럽게 순종하도록 도움을 주고, 나아가 축복이 넘치는 삶을 만들어 가는 기반이 될 것입니다.

〈하루 한 편 순종 묵상〉을 통해 순종에 대한 바른 이해와 실천 방법들을 몸에 익히세요. 순종의 모습이 삶의 구석구석에서 영롱하게 빛나게 될 때, 그 사람의 인생에는 멋진 변화와 수많은 성공들이 기다리고 있을 것입니다.

우리는 순종을 통해 하나님께서 예비하신 축복의 문으로 들어갈 수 있습니다. 순종의 성품은 우리에게 복 주기를 작정하신 하나님 아버지의 사랑입니다. 더욱이 이번 작업은 우리 부부가 함께 진행하면서 주님에 대해 더 많은 생각을 나누는 기회가 되었습니다.

부부로 부르심을 받아 한 몸을 이루고, 같은 소망을 품으며 인생을 달려올 수 있었던 것도 감사한데, 같은 비전 앞에서 함께 일할 수 있는 축복을 누렸습니다. 아무쪼록 이 수고와 정성이 하나님의 성품을 닮은 다음 세대를 키우는 일에 자신을 내려놓은 사람들에게, 지평을 열어주는 길잡이가 되기를 소망해 봅니다.

이제, 이 책을 펴내면서 특별한 감사를 드리고 싶은 사람들이 있습니다. 바쁜 일정 속에서도 기쁨으로 이 일에 동참해준 좋은나무성품학교 출판팀들에게 큰 감사를 드립니다.

2019년 1월 3일
순종으로 축복의 문을 열기를 소망하며
김기열, 이영숙 드림

● 홀수날에는?

말씀。 말씀에서 찾은 순종 묵상

성경 말씀을 통해 묵상하는 시간입니다. 성령님께 인도를 구하는 기도를 드리고, 하나님의 말씀에 집중하여 경청합니다.

### 묵상 순서

#### ① 중심 말씀
성경을 통해 하나님께서 순종에 대해 어떻게 말씀하시는지 경청합니다. 또한 하나님이 어떤 분이신지 순종의 성품에 집중해 보세요. 본문 말씀을 삶 속에 적용하여 묵상하는 것도 도움이 됩니다.

#### ② 성품 브리지Character bridge
본문 말씀을 통해 깨닫게 된 은혜와 감사를 적어봅니다. 질문을 통해 깊이 말씀을 묵상해 보고 나의 삶에 적용할 부분은 무엇인지 기록합니다.

● 짝수날에는?

삶。 삶에서 찾은 순종 묵상

삶의 이야기를 통해 묵상하는 시간입니다. 성령님께 인도를 구하는 기도를 드리고, 하나님의 말씀에 집중하여 경청합니다.

③ 기도

오늘 주신 말씀과 깨달음을 삶에 적용할 수 있도록 하나님께 기도합니다.

순종이란,
나를 보호하고 있는 사람들의 지시에
좋은 태도로 기쁘게 따르는 것
(좋은나무성품학교 정의)

# 듣고 행하라

신명기 6:1~9

1 이는 곧 너희의 하나님 여호와께서 너희에게 가르치라고 명하신 명령과 규례와 법도라 너희가 건너가서 차지할 땅에서 행할 것이니 2 곧 너와 네 아들과 네 손자들이 평생에 네 하나님 여호와를 경외하며 내가 너희에게 명한 그 모든 규례와 명령을 지키게 하기 위한 것이며 또 네 날을 장구하게 하기 위한 것이라 3 이스라엘아 듣고 삼가 그것을 행하라 그리하면 네가 복을 받고 네 조상들의 하나님 여호와께서 네게 허락하심 같이 젖과 꿀이 흐르는 땅에서 네가 크게 번성하리라 4 이스라엘아 들으라 우리 하나님 여호와는 오직 유일한 여호와이시니 5 너는 마음을 다하고 뜻을 다하고 힘을 다하여 네 하나님 여호와를 사랑하라 6 오늘 내가 네게 명하는 이 말씀을 너는 마음에 새기고 7 네 자녀에게 부지런히 가르치며 집에 앉았을 때에든지 길을 갈 때에든지 누워 있을 때에든지 일어날 때에든지 이 말씀을 강론할 것이며 8 너는 또 그것을 네 손목에 매어 기호를 삼으며 네 미간에 붙여 표로 삼고 9 또 네 집 문설주와 바깥 문에 기록할지니라

### 듣고 행하라 그리하면

하나님께서 이스라엘 백성에게 가나안 입성을 앞두고 모세를 통해 하나님의 말씀에 순종할 것을 말씀하셨습니다.

"이스라엘아 듣고 삼가 그것을 행하라 그리하면 네가 복을 받고 네조상들의 하나님 여호와께서 네게 허락하심 같이 젖과 꿀이 흐르는 땅에서 네가 크게 번성하리라 이스라엘아 들으라 우리 하나님 여호와는 오직 유일한 여호와이시니"(3~4절) 그리고 모세에게 가나안 땅에서 행할 명령과 규례와 법도를 알려 주시며, "듣고… 들으라"라고 말씀하셨습니다. 순종할 때 장수와 번성을 누리게 됨을 약속하셨습니다.

### 샤마와 휴파코에

"들으라"는 것은 히브리 원어의 '샤마'(shama)라는 단어입니다. 이 단어의 의미는 "주의를 기울이다, 경청하다, 순종하다"의 의미로 해석됩니다. 즉 순종은 주의를 기울여 경청하는 것으로 시작됩니다. 한 사람의 순종은 그 사람의 듣는 태도를 통해 확인할 수 있는 것입니다. 마음에 새길 수 있을 정도로 진지하게 듣는 태도에서 순종이 결정됩니다(6절). 신약에서의 순종은 '휴파코에'(로마서 5:19)라는 단어로 표현되는데 이는 "아래서 듣는다"입니다. 순종은 진지하게 경청하고, 말씀을 잘 지키기 위해 겸손하게 듣는 것을 의미합니다. 예수님께서도 "들을 귀 있는 자는 들으라"라고 말씀하셨습니다(마가복음 4:9). 순종하려는 마음이 없이 듣는 것은 듣는 것이 아닙니다.

**순종은 경청으로 시작됩니다.** 어떻게 하나님 말씀을 듣느냐가 우리의 순종의 삶을 결정합니다. 하나님의 말씀을 삶의 모든 것이라는 각오로 온전히 들으십시오. 하나님의 말씀을 생각, 감정, 의지를 집중하여 마음을 다해 들으십시오. 그리고 내 생명, 영혼 그리고 인격을 걸고 성품을 다해 들으십시오.

## 성품 브리지|Character bridge

1  순종은 '듣는 것'으로부터 시작된다는 것에 대해서 어떤 생각이 듭니까?

2  "~~ 듣고, ~~~ 행하라 그리하면 ……" 이것이 순종의 법칙입니다. 듣고 행할 때 순종의 축복을 누리게 됨을 마음에 새기고 다른 사람에게도 전해 보세요.

## 기도

주님, 오늘 말씀을 통해 순종이 경청으로부터 시작되는 것을 알았습니다. 주님의 말씀을 잘 듣는 순종의 사람이 되게 도와주세요.

# "엄마, 왜 하나님은 선악과를 만드셔서..."

출애굽기 19:3-6

3 모세가 하나님 앞에 올라가니 여호와께서 산에서 그를 불러 말씀하시되 너는 이같이 야곱의 집에 말하고 이스라엘 자손들에게 말하라 4 내가 애굽 사람에게 어떻게 행하였음과 내가 어떻게 독수리 날개로 너희를 업어 내게로 인도하였음을 너희가 보았느니라 5 세계가 다 내게 속하였나니 너희가 내 말을 잘 듣고 내 언약을 지키면 너희는 모든 민족 중에서 내 소유가 되겠고 6 너희가 내게 대하여 제사장 나라가 되며 거룩한 백성이 되리라 너는 이 말을 이스라엘 자손에게 전할지니라

"엄마, 왜 하나님은 선악과를 만드셔서 인간을 괴롭게 하시는지 모르겠어요. 본인이 전지전능하시다면 선악과를 만들면 인간이 따먹을 것을 분명히 아셨을 텐데, 왜 그런 것을 만들어서 인간을 복잡하게 하셨는지…. 그리고 에덴동산을 만드신 후에 주시려면 다 주실 것이지 하필 선악과를 만들어서 이것만은 먹지 말라고 치사하게 하셨는지…. 또, 먹었다고 쫓아낼 것은 뭐람. 그것도 가죽옷을 입혀서는 병 주고 약 주고 하

시는 것 같아서 도저히 이해가 안 돼요."

사춘기 시절에 큰아들 희종이가 볼멘소리로 항의하던 이야기가 생각납니다. 단지 아들에게 잘 설명해 주고 싶어서 하나님이 왜 선악과를 만드신 후에 따먹지 말라고 하셨는지 깊이 묵상하다가 큰 은혜를 깨닫게 되었습니다.

선악과는 바로 우리와 관계를 맺길 원하시는 하나님 아버지의 마음이었습니다. 온 세상을 만드신 창조주 하나님께서 작은 선악과 하나에 그렇게까지 큰 의미를 두었던 까닭은 친밀함을 원하시는 하나님의 사랑이었던 것이지요.

하나님께서 창조한 모든 것을 다 사람에게 주시면서 선악과만은 먹지 말라고 하신 이유는, 사랑의 관계 형성을 위한 최소한의 경계선이었던 것입니다. 우리를 사랑하심으로 주신 최소한의 이 경계가 바로 우리에게 권위를 주신 이유입니다.

"내가 너희를 이집트에서 이끌어 낸 전적인 이유는 너희를 약속의 땅으로 인도하는 것이 첫째가 아니었다. 내가 너희를 이끌어 낸 첫 번째 이유는 너희를 내게로 데려오는 것이었다."(출애굽기 19:3-6 참조)고 말씀하십니다.

그러나 인간들은 하나님의 그 사랑을 부담스러워하면서, 송아지를 만들고 "보라, 우리를 이집트에서 인도하여 낸 여호와다"라며 우상을 숭배합니다. 권위 앞에 순종하기보다는 원하는 대로 사는 것이 자유라고 믿으며, 욕망으로 한껏 치장한 우상을 만들어낸 것입니다.

그러나 진정한 자유는 우리를 만드신 창조주 하나님께 순종할 때 맛

볼 수 있는 축복입니다.

많은 사람이 권위 앞에 순종하기를 어려워하는 이유는 권위자의 뜻을 다 이해하고 움직이려고 하기 때문입니다. 진정한 순종은 **이해할 수 없더라도 권위를 인정하고 따르는 것**입니다.

"지금까지는 제가 엄마, 아빠의 기도로 먹고 살았다면 이제부터는 제 기도로 엄마, 아빠를 살게 해 드릴게요. 요즘 새벽마다 식구들의 이름을 불러가면서 새벽기도 하고 있어요."

오래전 황당한 질문으로 순종의 축복을 깨닫게 해주었던 큰아들이 요즘은 또 다른 축복으로 우리를 기쁘게 해주고 있습니다. 법을 공부하는 것이 너무 힘들어서 새벽기도를 매일 쌓고 있다는 아들의 전화 소리를 들으면서, 순종의 비밀을 배움으로 하나님과 친밀함을 갖고 진정한 자유를 찾아가는 하나님의 사람을 보게 되는 기쁨을 누리고 있습니다.

성품 브리지|Character bridge 🐾

1 위의 묵상을 통해 순종을 강조하시는 하나님 아버지의 마음을 느낄 수 있었습니까?

2 순종이 우리에게 답답한 부담이 아니라 친밀한 관계를 원하시는 사랑의 축복이라는 것에 대해 어떻게 생각합니까?

기도

주님, 더 깊이 주님을 알고, 주님과 친밀한 관계를 맺고 싶습니다. 진정한 순종으로 참된 기쁨을 누리도록 인도해 주세요.

말씀. 3일

# 내가 불러도 그들이 듣지 아니하였은즉

스가랴 7:8~14

8 여호와의 말씀이 스가랴에게 임하여 이르시되 9 만군의 여호와가 이같이 말하여 이르시기를 너희는 진실한 재판을 행하며 서로 인애와 긍휼을 베풀며 10 과부와 고아와 나그네와 궁핍한 자를 압제하지 말며 서로 해하려고 마음에 도모하지 말라 하였으나 11 그들이 듣기를 싫어하여 등을 돌리며 듣지 아니하려고 귀를 막으며 12 그 마음을 금강석 같게 하여 율법과 만군의 여호와가 그의 영으로 옛 선지자들을 통하여 전한 말을 듣지 아니하므로 큰 진노가 만군의 여호와께로부터 나왔도다 13 내가 불러도 그들이 듣지 아니한 것처럼 그들이 불러도 내가 듣지 아니하리라 만군의 여호와가 말하였느니라 14 내가 그들을 바람으로 불어 알지 못하던 여러 나라에 흩었느니라 그 후에 이 땅이 황폐하여 오고 가는 사람이 없었나니 이는 그들이 아름다운 땅을 황폐하게 하였음이니라 하시니라

## 순종이 어려운 이유

하나님의 백성이 축복의 근원이신 하나님께 순종하는 삶을 살기가 왜

그리 어려울까요? 본문에 보면 **"그들이 듣기를 싫어하여"**라고 말씀하고 있습니다. 즉 자신에게 불리하고 손해를 본다는 생각이 들면 하나님 말씀 자체를 거부하는 것입니다.

하나님 말씀에 순종하지 못하는 첫 번째 이유는, 하나님의 선하신 의도와 계획보다는 현실적인 부유와 편안함을 추구하기 때문입니다.

두 번째 이유는, "마음을 금강석 같게 하여 여호와가…전한 말을 듣지 아니하므로"의 말씀처럼 백성들에게 하나님의 말씀이 들어갈 틈이 없기 때문입니다. 다른 생각과 고정 관념이 마음을 강팍하게 하여, 하나님의 말씀에 순종하는 것보다는 오로지 육신의 감각적이고 이기적인 면에만 관심을 두고 추구하는 것이 또 다른 이유입니다.

### 순종은 손해가 아닌 축복

하나님의 말씀에 순종하는 것이 손해가 아닌 축복임을 깨닫고 당신의 부정적인 생각을 바꿔보십시오. 지금 하는 행동을 바꾸면 당신 주변이 바뀌지만, 지금 하는 생각을 바꾸면 세상이 바뀝니다. 생각을 예수 그리스도에게 순종시키는 훈련을 하십시오(고린도후서 10:5). 나의 이기심과 욕심을 추구하는 생각을 다른 사람의 행복과 세상의 정의를 실현하려는 생각으로 바꾸는 훈련을 하십시오.

순종하기 어려운 것은 하나님 말씀보다는 내 생각과 계획이 그럴듯해 보이기 때문입니다. 그러나 말씀대로 살지 않는 것은 말씀대로 사는 것보다 더 어렵다는 것을 알아야 합니다.

성품 브리지|Character bridge 🍇

1 순종이 어려운 이유는 무엇입니까?

2 순종하기 위해서는 어떤 마음가짐이 필요합니까?


기도

주님, 내 고집과 생각을 버리고 순종하도록 도와주세요.

# 그때는 그것이 사랑인지 몰랐습니다

로마서 13:1

각 사람은 위에 있는 권세들에게 복종하라 권세는 하나님으로부터 나지 않음
이 없나니 모든 권세는 다 하나님께서 정하신 바라

각 사람은 위에 있는 권세들에게 복종해야 한다고 성경은 가르치고
있습니다. 각 사람은 우리 모두를 가리키는 것이지요. 이 세상에 있는
모든 적법한 권위가 하나님으로부터 온 것이기에 순종해야 한다는 것
입니다. 그 권세를 거역하는 것이 하나님을 거역하는 것이라고 말씀하
십니다.

그런데 의외로, 성령의 역사는 강조하면서 주변은 무시하는 크리스천
의 모습을 많이 볼 수 있습니다. 그들은 "나는 성령 충만하고 나한테 명
령하실 분은 주님 한 분이시다"라고 말하면서 하나님 외에 다른 권위는
전혀 필요하지 않다고 생각합니다. 그러나 자신을 둘러싼 주변의 권위
를 무시하며 사는 사람은 사실 하나님을 존중하는 모습이 아닙니다. 그
권위를 허락하신 분이 하나님이기 때문입니다.

주님이 바로 교회와 사회, 가정에 권위를 세우신 분입니다. 하나님의 권위를 인정하는 사람은 가정에서 부모의 권위와 남편의 권위 앞에 순종해야 합니다. 교회의 영적 지도자에게 순종해야 합니다. 사회의 법과 질서에 순종해야 합니다. 직장에서는 상관의 권위를 인정하고 순종해야 합니다.

하나님은 권위에 대해 '하나님의 사역자가 되어 네게 선을 베푸는 자니라.'(로마서 13:4)라고까지 말씀하고 계십니다. 사실 하나님이 허락하신 권위들은 우리를 보호하고 있는 방파제와 같은 것이지요. 우리가 순종을 배워 성숙한 성품으로 **성장하도록 돕는 촉매자**인 것입니다.

심지어 조세를 바치는 일도 진노 때문에 할 것이 아니라 양심을 따라 할 것을 명하고 계십니다(로마서 13:5). 또 두려워할 자를 두려워하고 존경할 자를 존경하는 것이 하나님의 뜻입니다(로마서 13:7). 혹시 이런 말씀을 가르치는 성경이 '과연 우리에게 이로운 것일까?'를 갈등한 적이 있습니까? 그러나 우리가 기억해야 할 것은, 하나님은 자녀를 속박하고 괴롭게 하시는 분이 아니라는 것입니다. 하나님은 곧 사랑이십니다. 우리를 향한 하나님의 사랑은 우리가 다 이해할 수 없을 정도로 크고 위대한 것입니다.

"사랑하지 아니하는 자는 하나님을 알지 못하나니 이는 하나님은 사랑이심이라"(요한일서 4:8)라고 말씀하십니다. 그러니 안심하고, 우리를 사랑하시는 하나님이 가르쳐 주신 대로 권위 앞에 순종하는 법을 배워 나갑시다. 순종하는 것이 축복이라는 것을 우리는 성장한 후에 분명히 보게 될 것입니다.

오늘은 왠지 어린 내 손을 잡고 신호등 앞에서, 빨간불에는 멈추어 서고 파란불에만 손을 들고 건너가야 한다며 세심하게 가르쳐 주셨던 아버지가 생각납니다. 그때는 그것이 내 생명을 안전하게 지켜주시려는 아버지의 사랑인지 몰랐습니다.

### 성품 브리지|Character bridge

1 지금 내가 가장 순종하기 힘든 권위자에 대하여 주님은 어떻게 말씀하시고 계십니까?
2 순종이 바로 우리를 위한 하나님의 사랑임을 어떻게 알 수 있습니까?

### 기도

주님, 주님의 말씀대로 우리의 권위들에게 순종하도록 도와주세요.

# 순종이 제사보다 낫고

사무엘상 15:9~24

9 사울과 백성이 아각과 그의 양과 소의 가장 좋은 것 또는 기름진 것과 어린 양과 모든 좋은 것을 남기고 진멸하기를 즐겨 아니하고 가치 없고 하찮은 것은 진멸하니라 10 여호와의 말씀이 사무엘에게 임하니라 이르시되 11 내가 사울을 왕으로 세운 것을 후회하노니 그가 돌이켜서 나를 따르지 아니하며 내 명령을 행하지 아니하였음이니라 하신지라 사무엘이 근심하여 온 밤을 여호와께 부르짖으니라 12 사무엘이 사울을 만나려고 아침에 일찍이 일어났더니 어떤 사람이 사무엘에게 말하여 이르되 사울이 갈멜에 이르러 자기를 위하여 기념비를 세우고 발길을 돌려 길갈로 내려갔다 하는지라 13 사무엘이 사울에게 이른즉 사울이 그에게 이르되 원하건대 당신은 여호와께 복을 받으소서 내가 여호와의 명령을 행하였나이다 하니 14 사무엘이 이르되 그러면 내 귀에 들려오는 이 양의 소리와 내게 들리는 소의 소리는 어찌 됨이니이까 하니라 15 사울이 이르되 그것은 무리가 아말렉 사람에게서 끌어 온 것인데 백성이 당신의 하나님 여호와께 제사하려 하여 양들과 소들 중에서 가장 좋은 것을 남김이요 그 외의 것은 우리가 진멸하였나이다 하는지라 16 사무엘

이 사울에게 이르되 가만히 계시옵소서 간 밤에 여호와께서 내게 이르신 것을 왕에게 말하리이다 하니 그가 이르되 말씀하소서 17 사무엘이 이르되 왕이 스스로 작게 여길 그 때에 이스라엘 지파의 머리가 되지 아니하셨나이까 여호와께서 왕에게 기름을 부어 이스라엘 왕을 삼으시고 18 또 여호와께서 왕을 길로 보내시며 이르시기를 가서 죄인 아말렉 사람을 진멸하되 다 없어지기까지 치라 하셨거늘 19 어찌하여 왕이 여호와의 목소리를 청종하지 아니하고 탈취하기에만 급하여 여호와께서 악하게 여기시는 일을 행하였나이까 20 사울이 사무엘에게 이르되 나는 실로 여호와의 목소리를 청종하여 여호와께서 보내신 길로 가서 아말렉 왕 아각을 끌어 왔고 아말렉 사람들을 진멸하였으나 21 다만 백성이 그 마땅히 멸할 것 중에서 가장 좋은 것으로 길갈에서 당신의 하나님 여호와께 제사하려고 양과 소를 끌어 왔나이다 하는지라 22 사무엘이 이르되 여호와께서 번제와 다른 제사를 그의 목소리를 청종하는 것을 좋아하심 같이 좋아하시겠나이까 순종이 제사보다 낫고 듣는 것이 숫양의 기름보다 나으니 23 이는 거역하는 것은 점치는 죄와 같고 완고한 것은 사신 우상에게 절하는 죄와 같음이라 왕이 여호와의 말씀을 버렸으므로 여호와께서도 왕을 버려 왕이 되지 못하게 하셨나이다 하니 24 사울이 사무엘에게 이르되 내가 범죄하였나이다 내가 여호와의 명령과 당신의 말씀을 어긴 것은 내가 백성을 두려워하여 그들의 말을 청종하였음이니이다

### 탁월한 사람의 실패

이스라엘의 사울 왕은 하나님을 경배하는 사람이었고, 하나님에 의해 왕으로 기름 부음 받은 탁월한 인물이었습니다. 그런데 이 사울이 하

나님께 버림을 받게 됩니다(11절). 그 이유는 하나님의 말씀에 순종하지 않았기 때문입니다. **왜 사울이 하나님 말씀에 순종하지 못했을까요?**

본문에서 말하는 첫 번째 이유는 가장 좋은 것과 기름진 것에 대한 유혹을 극복하지 못했기 때문입니다(9절). 즉 세상의 가치로 하나님 말씀을 해석하기 때문입니다. 자기에게 유익하고 좋으면 하나님 말씀을 왜곡되게 해석합니다. 내가 좋다고 생각하면 하나님도 좋아하실 거라는 식입니다.

두 번째 이유는 하나님을 섬긴다고 하면서 자기 이름을 더 내세우려는 자기 우상화에 빠졌기 때문입니다(12절). 하나님이 허락하셔서 왕도 되고 전쟁에서 승리도 했는데 영광을 하나님께 돌리기보다는 자기에게 돌리려는 유혹을 극복하지 못한 것입니다.

세 번째 이유는 하나님 말씀보다 백성들(여론)을 더 의식했기 때문입니다(24절). 진정한 신앙의 리더십은 다수결이 아닌 하나님이 무엇을 말씀하셨는지에 귀를 기울이는 것입니다. 사울은 자신의 인기에 더 관심이 많았기 때문에 하나님 말씀에 순종하지 못했습니다.

성품 브리지|Character bridge 🌿

1 순종을 방해하는 것(물질, 명예, 평판, 인기 등)이 있습니까?
2 하나님께 순종하기 위해 그것을 어떻게 극복하겠습니까?

기도

주님, 순종의 방해물을 제거하고, 하나님 말씀에 온전히 따르도록 도와주세요.

# 헌주는 순종 어린이

로마서 16:19

너희의 순종함이 모든 사람에게 들리는지라 그러므로 내가 너희로 말미암아 기뻐하노니 너희가 선한 데 지혜롭고 악한 데 미련하기를 원하노라

시인 워즈워스는 '무지개'라는 자신의 시에서 **'어린이는 어른의 아버지'**라고 말했습니다. 어린이 같은 천진성, 꿈과 이상에 대한 동경을 어린이를 통해서 배울 수 있기 때문이지요.

성품을 가르치다 보면, 아이들이 천국에 먼저 들어갈 수 있는 지혜자임을 깨닫는 순간이 많습니다. 가정에서 보낸 부모들의 성품교육 소감 중에서 한 이야기를 소개해 봅니다.

헌주(좋은나무성품학교 새밀알유치원)는 개구쟁이 장난을 하다가도 다른 놀이를 하고 싶으면 "엄마가 다 해 주세요" 하면서 장난감 정리를 하지 않습니다. 아무리 야단을 쳐도 자기가 듣고 싶은 말만 듣고, 누나에게 짓궂은 장난을 쳐서 아빠에게 꾸중을 듣는 개구쟁이 5세 아이입니다.

그러던 헌주가 언제부터인가 입버릇처럼 외치는 말이 있습니다. 바로 "헌주는 순종 어린이" 하면서 노래를 흥얼거리는 거였습니다. 장난감을 정리하고, 누나와 싸우는 일이 있어도 "누나, 내가 미안해. 안 할게" 하면서 먼저 사과를 합니다. 배고파도 빵 한 개를 반으로 나눠 누나에게 양보하기도 하더군요. 헌주의 행동에 누나도 감동했습니다.

성품을 가르침이 얼마나 중요한지 헌주를 보고 깨닫게 되었습니다. 정돈할 줄 아는 데도 일부러 고집을 부리면서 떼쓰던 헌주의 모습을 통해 저와 남편의 부끄러운 모습을 발견하기도 했습니다. 부모가 먼저 순종하는 모습을 보여 주어야 했는데 말입니다.

헌주가 처음 배운 성품은 '인내, 순종, 절제'였는데, 이 주제성품은 바로 우리 어른들에게도 매 순간 필요한 성품이라는 생각이 들었습니다. 그리고 헌주가 은혜의 말씀들을 암송하며 고사리 같은 손으로 몸 찬양을 하고 말씀대로 따르려고 하는 모습을 보고, 입으로만 말하는 '순종'이 아닌 삶 속에서 꼭 이루어져야 하는 성품임을 마음 깊이 느꼈습니다. 이제는 우리 식구가 모두 성품을 중심으로 생활하도록 기도하며 노력하고 있습니다.


**성품 브리지|Character bridge** 🌸

1 나에게도 순종의 변화가 일어나고 있습니까? 순종해야겠다는 생각이 든다면 그것이 바로 변화의 시작입니다.

2 순종을 훈련하려면 어떻게 해야 하는지 생각해 보고 오늘 할 수 있는 것을 적용해 보세요.

기도

주님, 오늘 하루의 순종이 입으로만 끝나는 순종이 되지 않도록 도와주시고, 순종을 실천하는 하루가 되도록 인도해 주세요.

순종은 모든 축복의 문을 여는 열쇠이다
_조지 맥도널드

# 순종으로 많은 사람이 의인이 되리라

창세기 22장 15절~18절

15 여호와의 사자가 하늘에서부터 두 번째 아브라함을 불러 16 이르시되 여
호와께서 이르시기를 내가 나를 가리켜 맹세하노니 네가 이같이 행하여 네
아들 네 독자도 아끼지 아니하였은즉 17 내가 네게 큰 복을 주고 네 씨가 크
게 번성하여 하늘의 별과 같고 바닷가의 모래와 같게 하리니 네 씨가 그 대적
의 성문을 차지하리라 18 또 네 씨로 말미암아 천하 만민이 복을 받으리니 이
는 네가 나의 말을 준행하였음이니라 하셨다 하니라

## 한 사람의 순종으로

주님의 순종은 "이 잔을 내게서 옮겨주십시오"라는 고백을 통해 즐겁
고 편한 길이 아닌 고난과 고통 가운데서 이루어졌음을 알 수 있습니다.
만약 그분이 순종하지 않았더라면 어떻게 되었을까요? 상상할 수도 없
습니다. 예수님의 순종으로 우리 모든 사람을 죄와 사망에서 구원하고
하나님의 자녀로서 사는 길을 열어 두셨습니다.

아브라함 역시 그의 평생의 삶은 **순종을 배워가는 삶**이었습니다. 그

절정은 아들 이삭을 바치는 것이었습니다. 아마 아브라함은 독생자 예수 그리스도를 십자가에 죽게 할 수 밖에 없었던 하나님 아버지의 마음을 조금이라도 이해할 수 있었을 것입니다.

아브라함은 순종을 통해 그의 자손들이 민족을 이루어 별과 같이 번성할 것이라는 약속을 받게 되었습니다. 여기서 우리는 순종하는 자에게 아무것도 아끼지 않고 다 주고 싶어 하시는 하나님 아버지의 마음을 읽을 수 있습니다.

### 공동체에 복이 되는 비결

"나 한 사람이 순종하지 않는다고 해서 무슨 일이 일어나겠는가?"

나 한 사람의 그릇된 삶이 나에게는 물론, 내 가정, 내 직장, 우리 교회, 더 나아가 우리 조국에도 엄청난 비극을 가져온다는 사실을 아십니까? 왜 우리가 진리의 말씀과 하나님께 순종해야 합니까?

첫째는 나의 순종이 내가 속한 공동체를 안전하게 보호하기 때문입니다. 내가 속한 공동체, 즉 가정, 교회, 직장, 나라의 운명은 나의 순종으로 인해 복된 미래가 보장될 수도 있고, 아니면 화가 미칠 수도 있습니다.

둘째는 내가 생각하는 것 이상의 축복이 주어지기 때문입니다. 불합리하다고 생각하는 하나님의 명령에 대해 명령하신 분의 인격을 믿고 순종하면 나로 인해 전 인류까지도 축복을 누리게 됩니다. 눈앞의 이익을 바라보면 순종하기 어렵지만, 하나님께서 더 큰 축복과 기회를 준비하고 계신다는 것을 믿으면 가장 귀한 것도 포기하고 순종할 수 있습니다.

"한 사람이 순종하지 아니함으로 많은 사람이 죄인 된 것 같이 한 사람이 순종하심으로 많은 사람이 의인이 되리라"(로마서 5:19)

순종의 삶은 힘들지만, 불순종의 결과는 순종의 고통보다 더 부정적인 결과를 가져옵니다. 가치 있는 고통은 견딜만합니다. 애쓰고 수고한 결과가 열매 없는 무의미한 것으로 드러나지 않도록 순종하십시오.

성품 브리지|Character bridge

1 나의 불순종이 공동체에 영향을 끼친 적은 없습니까?
2 나의 순종이 공동체(가족, 교회, 직장)와 나의 삶에 어떤 유익을 가져오겠습니까?

기도

주님, 저의 순종을 통해 저뿐 아니라 공동체에도 하나님의 축복이 전해지도록 도와주세요.

# 보이지 않는 하나님께 순종하려면
# 보이는 질서에 순종해야 합니다

누가복음 2:51

**예수께서 함께 내려가사 나사렛에 이르러 순종하여 받드시더라**

순종이란 '나를 보호하고 있는 사람들의 지시에 좋은 태도로 기쁘게 따르는 것'(좋은나무성품학교 정의)입니다. 자녀들에게 가장 먼저 가르쳐야 하는 것은 바로 순종의 성품입니다. 부모님이나 어른들의 말에 순종하는 훈련은 아주 일찍부터 시작해야 할 중요한 훈육입니다. 그 일은 아이가 어렸을 때부터 하나님께 순종하는 것을 가르침으로 시작될 수 있습니다. 하나님 말씀에 절대적 가치를 인정하고 순종할 수 있는 아이가 부모의 말에 절대적 가치를 인정하여 순종합니다. 또한 교사나 다른 사람에게도 순종할 줄 알게 되며 더 나아가 사회질서와 법규 그리고 자신의 삶에도 순종할 줄 아는 복된 아이로 성장하게 됩니다.

하나님의 말씀에 순종하는 것은 피조물인 인간의 기본적인 의무임과 동시에 특권입니다. 하나님께 순종함으로 말미암아 인간의 가치를 알수 있고 행복의 지름길로 들어설 수 있습니다. 또한 하나님과의 행복한 교제에 들어갈 수 있고, 그 속에서 우리 삶이 보호받으며 안정감과 행복을 누릴 수 있습니다. 교제한다는 것은 우리가 하나님께 순종하는 것을 의미합니다. 우리가 하나님과 교제한다는 것은 내가 하나님의 사랑을 받아들이고 순종한다는 것을 뜻합니다.

불순종이란 이렇게 하라고 하신 것을 거절하거나 또는 그것과 다르게 하거나 또 이렇게 하지 말아야 한다는 것을 알고 있음에도 불구하고 자신이 원하는 대로 하는 것을 말합니다. 그래서 불순종은 하나님의 존재를 부정하는 것입니다. 이런 사람은 "나는 아직 나에 대한 자신감이 있기 때문에 하나님이라는 존재가 필요 없습니다"라고 말하며 하나님께 순종하기를 거절하는 것입니다. 이것은 내 마음속에 하나님을 차단하는 것입니다.

제가 알고 있는 한 미국인 교수는, 자신이 운영하는 유치원과 초등학교에 다니고 있는 한국인 아이들이 다른 나라의 아이들에 비해 교사의 말에 잘 순종하지 않는 편이라고 말했습니다. 그 원인에 대해 그분은 우리나라 가정들의 자녀교육이 잘못되었기 때문이라고 결론을 내렸습니다. 저는 그 말을 들으면서 굉장히 창피했지만, 충분히 공감이 가는 말이었습니다. 국제사회에서도 마찬가지입니다. 모든 것을 동의하고 싶지는 않지만, 한국인과 일본인은 외모는 비슷해도 행동하는 것을 보고 금세 구별한다고 합니다.

사회의 규범과 질서를 지키는 정도에서 금세 구별되는 것이지요. 그래서 각종 규범과 질서를 잘 지키는 사람은 일본인이고 그렇지 못하면

한국인이라는 말이 있습니다. 그렇다면 왜 한국인은 사람에게뿐 아니라 다 함께 지켜야 하는 질서와 사회규범조차 지키지 못하는 것일까요? 여러 가지 원인을 들 수 있겠지만 그것은 무엇보다 가정에서 일찍부터 '순종'에 대해 훈련받지 못했기 때문이라고 생각합니다.

예수님도 어렸을 때 **부모님께 순종하여 섬기셨습니다.** 살아계신 하나님의 아들이었음에도 보이는 육체의 부모에게 순종하심으로 질서를 지키셨습니다(누가복음 2:51). 그래서 자녀들은 일찍부터 '순종'을 배워야 합니다. 부모님께 순종하고 가정의 규칙들에 순종하는 것을 배워야만 규칙과 규범을 준수하고 인간관계의 질서를 존중하는 사람들로 성장할 것입니다. 그리고 결국 이러한 배움이 창조주 하나님께 대한 순종으로 연결됩니다.

성품 브리지|Character bridge

1 눈에 보이는 질서에 순종하는 것이 왜 중요하다고 생각합니까?

2 내가 속한 공동체의 질서에 순종하고 있는지 돌아보세요.

기도

주님, 공동체의 질서를 존중하고 순종하는 성품이 되게 해주세요.

# 나의 계명을 지키는 자라야

요한복음 14:15~24

15 너희가 나를 사랑하면 나의 계명을 지키리라 16 내가 아버지께 구하겠으니 그가 또 다른 보혜사를 너희에게 주사 영원토록 너희와 함께 있게 하리니 17 그는 진리의 영이라 세상은 능히 그를 받지 못하나니 이는 그를 보지도 못하고 알지도 못함이라 그러나 너희는 그를 아나니 그는 너희와 함께 거하심이요 또 너희 속에 계시겠음이라 18 내가 너희를 고아와 같이 버려두지 아니하고 너희에게로 오리라 19 조금 있으면 세상은 다시 나를 보지 못할 것이로되 너희는 나를 보리니 이는 내가 살아 있고 너희도 살아 있겠음이라 20 그 날에는 내가 아버지 안에, 너희가 내 안에, 내가 너희 안에 있는 것을 너희가 알리라 21 나의 계명을 지키는 자라야 나를 사랑하는 자니 나를 사랑하는 자는 내 아버지께 사랑을 받을 것이요 나도 그를 사랑하여 그에게 나를 나타내리라 22 가룟인 아닌 유다가 이르되 주여 어찌하여 자기를 우리에게는 나타내시고 세상에는 아니하려 하시나이까 23 예수께서 대답하여 이르시되 사람이 나를 사랑하면 내 말을 지키리니 내 아버지께서 그를 사랑하실 것이요 우리가 그에게 가서 거처를 그와 함께 하리라 24 나를 사랑하지 아니하는 자는

내 말을 지키지 아니하나니 너희가 듣는 말은 내 말이 아니요 나를 보내신 아버지의 말씀이니라

## 순종으로 표현되는 사랑

우리는 주변의 사람들이 신앙인이든지 아니든지 우리를 통해 하나님이 어떤 분이라는 것을 알게 되기를 소망하는 마음이 있습니다. 우리를 아는 사람들이 "하나님이 어떤 분인 줄 몰랐는데, 당신을 만난 후에 비로소 하나님이 어떤 분인 줄 알게 되었습니다"라고 고백한다면 이 얼마나 벅찬 감격일까요? 이런 소망은 많은 신앙인이 바라며 기대하는 것입니다.

이런 삶은 어떻게 가능합니까? 비결은 바로 하나님의 말씀에 순종하는 삶에 있습니다. 본문은 하나님을 사랑한다면 그분의 계명을 지키라고 권면합니다. 하나님 말씀을 순종하는 삶은 쉽지 않습니다. 육신의 욕심과 이기심은 거룩한 하나님 말씀에 순종하는 것을 방해합니다. 우리가 하나님을 사랑하고 있다는 것은 그분의 계명과 말씀을 지킴으로 증명할 수 있습니다. 하나님을 사랑함으로 말씀과 계명에 순종할 때, 우리는 그분의 사랑을 듬뿍 받고, 더 나아가 우리를 통해 그분을 나타내시겠다고 약속하셨습니다.

## 순종으로 나타내는 하나님의 임재

우리가 왜 하나님 말씀에 순종해야 하는가는 바로 살아계시고 전능하신 하나님이 우리를 통해 우리 주변과 세상에 드러나고, 우리 주변의 사

람들이 나를 통해 하나님을 경험할 수 있기 때문입니다. 하나님의 말씀에 순종하는 자를 통해 하나님은 자신의 실체를 세상에 드러내십니다. **당신이 하나님의 임재와 실체를 세상에 드러내는 주인공이 되십시오.** 문제는 하나님께서 당신에게 들려주시는 말씀 앞에 당신이 어떤 태도와 결단을 하느냐에 달려 있습니다. 세상의 많은 학문과 기술, 그리고 성공하기 위한 과제를 목숨을 걸고라도 해내는 것처럼 이제는 영생과 축복, 미래와 성공을 보장하는 하나님의 말씀에 목숨을 걸고 순종해 보지 않겠습니까?

하나님께 대한 사랑은 순종의 삶으로 나타납니다. 즐거이 주님께 순종하는 것은 주변과 세상이 하나님을 경험하게 하는 축복의 가교입니다.

성품 브리지|Character bridge

1 하나님께 사랑을 표현하는 방법에는 어떤 것들이 있습니까?

2 다른 사람에게 하나님의 사랑을 나타낼 수 있는 구체적인 방법은 무엇입니까?

기도

주님, 말씀에 순종하는 자가 되어서 저의 순종을 통해 하나님의 사랑이 드러나게 해주세요.

# 그리하면 복을 받으리라

예레미야 7:23

오직 내가 이것을 그들에게 명령하여 이르기를 너희는 내 목소리를 들으라 그리하면 나는 너희 하나님이 되겠고 너희는 내 백성이 되리라 너희는 내가 명령한 모든 길로 걸어가라 그리하면 복을 받으리라 하였으나

순종에 대해 성경은 어떻게 가르치고 있습니까?

첫째, 하나님은 우리가 순종하기를 원하십니다. "다만 그들이 항상 이같은 마음을 품어 나를 경외하며 내 모든 명령을 지켜서 그들과 그 자손이 영원히 복 받기를 원하노라"(신명기 5:29) 순종은 복을 받는 비결입니다. 반대로 순종하지 않는 것은 하나님의 가르침을 어기는 것입니다. 순종이 하나님의 명령이고, 하나님을 기쁘게 하는 구체적인 행동임을 가르치십시오.

둘째, 하나님은 순종하는 자를 축복하십니다. **순종하는 자에게는 유익이 있습니다.**

하나님 아버지가 명하신 대로 우리가 순종하면 어디로 가든지 형통하

게 하실 것을 약속하셨습니다.

"오직 강하고 극히 담대하여 나의 종 모세가 네게 명령한 그 율법을 다 지켜 행하고 우로나 좌로나 치우치지 말라 그리하면 어디로 가든지 형통하리니"(여호수아 1:7)

셋째, 순종은 행동을 수반해야 합니다. "너희는 말씀을 행하는 자가 되고 듣기만 하여 자신을 속이는 자가 되지 말라"(야고보서 1:22) 순종은 수동적으로 따르는 것이 아니라 적극적으로 듣고 겸허히 실천하는 것을 말합니다. 이것은 선택의 개념이 아니라 반드시 실천해야 하며, 더디게 하는 것이 아니라 즉각적이고 적극적으로 해야 합니다.

넷째, 우리는 가장 먼저 하나님께 순종해야 합니다. 하나님께 순종하는 것이 우리의 과제임을 기억하십시오. 순종은 우리와 자녀가 걸어야 할 축복을 향한 첫 번째 문입니다. "… 여호와로 인하여 기뻐하는 것이 너희의 힘이니라…"(느헤미야 8:10)라고 성경은 말합니다. 힘 있게 사는 것의 비결은 여호와를 기뻐하는 삶입니다.

다섯째, 우리는 부모에게 순종해야 합니다. "네 아버지와 어머니를 공경하라 이것은 약속이 있는 첫 계명이니 이로써 네가 잘되고 땅에서 장수하리라"(에베소서 6:2,3) 부모를 공경하는 사람에게 하나님은 잘되고 장수하는 복을 허락하십니다.

여섯째, 우리는 지도자들에게 순종해야 합니다. "너희를 인도하는 자들에게 순종하고 복종하라 그들은 너희 영혼을 위하여 경성하기를 자신들이 청산할 자인 것 같이 하느니라 그들로 하여금 즐거움으로 이것을 하게 하고 근심으로 하게 하지 말라 그렇지 않으면 너희에게 유익이 없느니라"(히브리서 13:17) 성경은 자녀를 돌보는 어른들과 자녀를 가르치는 교사, 지도자들에게 순종해야 함을 분명히 가르치고 있습니다.

일곱째, 순종은 그리 어렵지 않습니다. "내가 오늘 네게 명령한 이 명령은 네게 어려운 것도 아니요 먼 것도 아니라 하늘에 있는 것이 아니니 … 이것이 바다 밖에 있는 것이 아니니 … 오직 그 말씀이 네게 매우 가까워서 네 입에 있으며 네 마음에 있은즉 네가 이를 행할 수 있느니라"(신명기 30:11-14) 우리는 순종의 성품을 하나님께 구할 수 있습니다. 하나님께 도움을 요청할 때 모든 것을 주시는 하나님의 넉넉함이 우리를 바르게 인도해 주실 것입니다.

**성품 브리지**Character bridge 🐾

1 하나님의 말씀에 순종하지 않아서 어려움을 겪었던 적은 없습니까?

2 하나님 아버지의 말씀에 순종하기 위해 나에게 필요한 것은 무엇입니까? 또는 어떤 노력이 필요합니까?

**기도**

주님, 제가 주님께서 원하시는 순종의 삶을 살도록 인도해 주세요.

# 성품을 다하여 말씀을 순종하면

## 신명기 30:1~9

1 내가 네게 진술한 모든 복과 저주가 네게 임하므로 네가 네 하나님 여호와로부터 쫓겨간 모든 나라 가운데서 이 일이 마음에서 기억이 나거든 2 너와 네 자손이 네 하나님 여호와께로 돌아와 내가 오늘 네게 명령한 것을 온전히 따라 마음을 다하고 성품을 다하여 여호와의 말씀을 청종하면 3 네 하나님 여호와께서 마음을 돌이키시고 너를 긍휼히 여기사 포로에서 돌아오게 하시되 네 하나님 여호와께서 흩으신 그 모든 백성 중에서 너를 모으시리니 4 네 쫓겨간 자들이 하늘 가에 있을지라도 네 하나님 여호와께서 거기서 너를 모으실 것이며 거기서부터 너를 이끄실 것이라 5 네 하나님 여호와께서 너를 네 조상들이 차지한 땅으로 돌아오게 하사 네게 다시 그것을 차지하게 하실 것이며 여호와께서 또 네게 선을 행하사 너를 네 조상들보다 더 번성하게 하실 것이며 6 네 하나님 여호와께서 네 마음과 네 자손의 마음에 할례를 베푸사 너로 마음을 다하며 뜻을 다하여 네 하나님 여호와를 사랑하게 하사 너로 생명을 얻게 하실 것이며 7 네 하나님 여호와께서 네 적군과 너를 미워하고 핍박하던 자에게 이 모든 저주를 내리게 하시리니 8 너는 돌아와 다시 여호와

의 말씀을 청종하고 내가 오늘 네게 명령하는 그 모든 명령을 행할 것이라 9 네가 네 하나님 여호와의 말씀을 청종하여 이 율법책에 기록된 그의 명령과 규례를 지키고 네 마음을 다하며 뜻을 다하여 여호와 네 하나님께 돌아오면 네 하나님 여호와께서 네 손으로 하는 모든 일과 네 몸의 소생과 네 가축의 새끼와 네 토지소산을 많게 하시고 네게 복을 주시되 곧 여호와께서 네 조상들을 기뻐하신 것과 같이 너를 다시 기뻐하사 네게 복을 주시리라

### 복과 저주

하나님께서 가나안을 눈앞에 둔 이스라엘 백성에게 복과 저주에 대해 말씀하고 있습니다. 복을 원하면서도 복을 누리지 못하는 이유는 바로 순종하지 않기 때문입니다. 하나님께 순종한다고 하지만 **하나님이 인정하시는 순종의 태도**는 우리의 순종의 태도와 얼마나 다른지 모릅니다. 본문을 통해 하나님께서 이스라엘 백성에게 요구하신 순종의 태도를 살펴보십시오. 하나님께서는 이 순종의 태도를 우리에게 동일하게 요구하고 계십니다.

### 어떤 태도를 가지고 순종해야 할까요?

첫째는 "온전히 따르라"(2절)는 것입니다. "온전히 따르라"는 말씀은 내 마음에 드는 것, 하기 쉬운 것, 또는 전부가 아닌 부분적인 순종이 아니라, 하나님께서 말씀하신 것을 하나도 남김없이 완벽히 수행하라는 말씀입니다. 즉 우리의 삶에서 하나님 말씀에 순종할 것이 무엇인지 정확히 파악하고, 하나님의 말씀이 우리 삶의 전부가 되도록 순종하라는

말씀입니다.

둘째는 "마음을 다하여 순종하라"(2절)고 하십니다. 마음은 생각, 감정, 의지, 지식이 머무는 자리입니다. 욕망과 이기심을 내려놓고 순수한 생각, 감정, 의지로 하나님께 순종하라는 것입니다. 내 욕심과 이기심은 하나님께 순종하는 것을 방해합니다. 지금 행하는 것이 내 욕심과 이기심을 위한 것인지 아니면 마음에 이기심과 욕심을 내려놓고 거짓 없는 순수한 마음으로 하는 것인지를 확인해 보십시오.

셋째는 "성품을 다하여 순종하라"(2절)고 하십니다. 성품은 생명, 영혼, 자아, 인격이라고 합니다. 하나님께 대한 순종은 내 생명과 영혼을 걸고 순종하는 것입니다. 또한 순종하는 삶이 나의 자아이며, 인격이라는 것을 보여주듯 순종해야 합니다.

순종하는 것에도 여러 태도가 있습니다. 마음이 없는 복종과 순종의 모습은 일시적이고, 거짓되며 포장된 것입니다. 마음과 성품을 다하여 온전히 따르는 것은 하나님이 우리에게 원하시는 순종의 좋은 태도입니다.

**성품 브리지|Character bridge** 🍀

1 리더나 부모에게 마음에 없는 순종을 한 적이 있습니까?

2 순종의 태도를 어떻게 발전시킬 수 있겠습니까?

**기도**

주님, 마음과 성품을 다하는 태도로 순종하도록 도와주세요.

# 배우자의 사랑과 순종에 대한 묵상

로마서 13:10

**사랑은 이웃에게 악을 행하지 아니하나니 그러므로 사랑은 율법의 완성이니라**

어느 날, 젊은 여성들의 집회에서 가정생활 세미나를 진행하다가 남편에게 순종하라는 이야기를 한 적이 있습니다. 그때 한 똑똑한 여성이 일어나 "어떻게 박사님 같은 분이 그런 말을 할 수 있습니까? 여성을 모독하는 것 같으니 취소하시고 사과해 주세요"라고 제게 요청했습니다. 전 웃으면서 이렇게 이야기했습니다.

"배우자에게 순종하라고 한 말이 기분 나쁘신가요? 배우자와의 사랑은 좀 더 특별한 법칙이 존재합니다. 바로 '목과 머리의 법칙'이지요. 목은 머리를 받쳐줍니다. 머리는 목이 없으면 바로 설 수가 없는 법이지요. 존재 자체가 불가능합니다. 목은 머리가 없으면 머리 없는 도깨비처럼 됩니다. (이때 모든 관중이 웃음바다가 되었지요.) 그래서 성경은 배우자의 사랑에 대해서 특별하게 언급하고 있습니다. 아내들에게는 '자기 남편에게 복종하기를 주께 하듯 하라'(에베소서 5:22)라고 말씀하십니다. 남편에게는 '아내 사랑하기를 그리스도께서 교회를 사랑하시고 그 교회를 위하여 자신을 주심 같이 하라'(에베소서 5:25)고 하셨답니다."

아내가 남편에게 여전히 '복종'해야 할 것인가에 대한 문제는 오늘날에도 끊임없는 논쟁으로 남아있습니다. 특히 요즘처럼 여성들이 빠르게 우위를 확보해 나가는 사회 속에서는 더 큰 쟁점이 되고 있습니다. 그런데 이 문제는 성경을 왜곡된 시선으로 본 데에서 비롯된 것입니다. 바울이 남편과 아내에게 똑같이 권면하고 있는 말씀이 있습니다.

"그리스도를 경외함으로 피차 복종하라"(에베소서 5:21)고 하시면서 결혼 관계에 있어 아내의 책임보다 두 배나 더 많은 시간과 관심을 남편의 책임을 강조하는데 할애하고 있다는 사실입니다.

남편과 아내는 서로 복종해야 합니다. 결혼 안에서 아내는 남편에게 책임이 있고 남편은 아내에게 책임이 있습니다. 마치 주께서 교회를 사랑하고 보양하듯 남편이 아내에게 친절히 대하고 관심을 두고 돌봐주는 책임을 다한다면 아내는 교회가 주님을 따르듯이 순종하는 책임을 다하게 될 것입니다. 하나님이 배우자에게 보여주신 책임감은 "이 비밀이 크도다"(에베소서 5:32)라고 감탄하실 정도로 심오한 그리스도와 교회의 관계와 같은 것입니다.

어느 한쪽만 순종과 복종을 강조할 수는 없습니다. 우리는 우연히 지속적인 사랑을 얻을 수 없습니다. 공정한 사랑, 인격적인 사랑이 서로의 사랑을 완성해 주고, **이러한 사랑은 서로를 성장하게 합니다.** 어느 한쪽만 희생하거나 복종하는 스트레스를 강요하는 것이 아니라 공정하게 대화하고, 공정하게 임무를 나누며, 모든 논쟁 가운데에서도 서로 도전을 받고 서로를 세워주는 것이 진정한 사랑입니다.

서로 세심한 사랑을 실천할 때 부부는 신뢰의 관계로 지켜집니다. 루이스 B. 스메디스는 "공정한 사랑은 서로의 자아를 존중하고 사랑하는 사람의 필요를 채워주기 위해 나의 가장 정당한 욕구를 억누르는 것"이라고 말합니다. 또 그것은 상대방의 약점을 이용하려는 충동을 거부하는 것이며 다른 사람의 고통의 대가로 오는 모든 즐거움을 거부할 때 오는 것이라고 말했습니다. 진정한 배우자 사랑은 오늘의 중심 말씀처럼 내 배우자에게 악을 행하지 않는 것입니다. 그것이 율법의 완성입니다.

"사랑은 이웃에게 악을 행하지 아니하나니 그러므로 사랑은 율법의 완성이니라"(로마서 13:10)

성품 브리지|Character bridge

1 가정에서 부부간 순종의 태도가 자라나는 자녀들에게 어떤 영향을 끼치는지 생각해 보세요.

2 내가 꿈꾸는 결혼 생활에 대한 순종의 소망을 주님께 기도로 올려 드리세요.

기도

주님, 주님이 가르쳐 주신 '배우자의 법칙'을 잘 지켜서, 서로 복종하는 모습으로 주님께 영광 돌리는 가정이 되도록 도와주세요.

# 잡은 것이 없지마는 말씀에 의지하여

누가복음 5:1~7

1 무리가 몰려와서 하나님의 말씀을 들을새 예수는 게네사렛 호숫가에 서서 2 호숫가에 배 두 척이 있는 것을 보시니 어부들은 배에서 나와서 그물을 씻는지라 3 예수께서 한 배에 오르시니 그 배는 시몬의 배라 육지에서 조금 떼기를 청하시고 앉으사 배에서 무리를 가르치시더니 4 말씀을 마치시고 시몬에게 이르시되 깊은 데로 가서 그물을 내려 고기를 잡으라 5 시몬이 대답하여 이르되 선생님 우리들이 밤이 새도록 수고하였으되 잡은 것이 없지마는 말씀에 의지하여 내가 그물을 내리리이다 하고 6 그렇게 하니 고기를 잡은 것이 심히 많아 그물이 찢어지는지라 7 이에 다른 배에 있는 동무들에게 손짓하여 와서 도와 달라 하니 그들이 와서 두 배에 채우매 잠기게 되었더라

## 베드로의 순종의 태도

베드로 일행은 갈릴리 호수에서 밤새 고기를 낚으려고 했지만 아무런 소득이 없었습니다. 어부로서 베테랑인 베드로도 지난밤에는 한 마리도 물고기를 건져 올리지 못했습니다. 피곤하고 포기하고 싶은 찰나에 예

수님의 목소리가 들려옵니다. '깊은 데로 가서 그물을 내려 고기를 잡으라' 밤새 호수를 이 잡듯 뒤졌는데도 없던 고기가 어떻게 생길 수 있겠습니까? 그러나 베드로는 자신의 배에서 설교하시던 예수님 말씀의 권위를 믿고, 어떤 이유도 달지 않고 무조건 따릅니다. 그리고 **순종의 보상은 엄청났습니다.**

### 어려운 일이 생길 때

그리스도인의 삶을 신앙생활이라고 말합니다. 즉 신앙과 생활의 조화가 일치되는 것이 예수님을 믿는 사람들의 삶입니다. 신앙이 생활 속에 고스란히 드러나야 합니다.

하지만 그리스도인들의 삶을 들여다보면 신앙은 신앙이고 생활은 생활이라고 생각하여 신앙과 생활을 별개로 구분하는 이들이 많이 있습니다. 즉 하나님의 말씀을 삶에 적용하고 순종하는 신앙인들이 많지 않다는 것입니다. 예를 들어 경제적인 어려움이 생기면 먼저 은행이나 도움을 줄 만한 친구가 있는지 찾아보다가, 자신이 할 수 있는 모든 가능성이 ZERO가 되면 그때 하나님 앞에 어떻게 문제를 해결해야 할지 여쭙고 하나님의 도우심을 구하는 것입니다.

그리스도인은 삶의 모든 것을 하나님과 의논하며 하나님의 도우심을 구해야 합니다.

하나님께서는 그의 도우심을 구하는 자에게 어떻게 행할지를 보이시고 구체적으로 도움을 주십니다. 가정적인 문제, 경제적인 문제, 회사의 문제, 국가의 문제, 교회의 문제, 개인적인 고민거리 등을 하나님 앞에 가져가면 그분께서 해답을 주십니다.

"구하라 그리하면 너희에게 주실 것이요"(마태복음 7:7)라는 말씀은 지금도 유효한 말씀입니다. 하나님께서 성경 말씀이나 주변의 경건한 신앙의 지도자를 통해 말씀하실 때 우리가 취해야 할 태도는, 바로 그 말씀대로 순종하는 것입니다. 더하거나 감하지 않고 말씀하신 그대로 순종하는 것, 내 이성이나 생각과 다르더라도 말씀하신 그대로 순종하는 것이 하나님의 해답과 축복을 누리는 유일한 방법입니다. 때로는 하나님의 생각이나 방법이 나와 다릅니다. 그러나 내 생각이나 방법을 버리고 하나님의 방법과 생각을 따르는 것이 바로 올바른 순종의 태도입니다. 내 삶의 주인이 하나님이시라면 그분의 말씀에 순종하는 것이 하나님을 주인으로 인정하는 행위가 됩니다. 당신이 순종하는 대상이 바로 당신의 주인이기 때문입니다.

하나님의 뜻을 구하십시오. 그분의 말씀에 기꺼이 순종하는 것이 하나님의 영광을 보는 비결이 됩니다.

성품 브리지|Character bridge 🍇

1 문제가 생겼을 때 나는 어떤 방법으로 해결하려고 합니까?

2 하나님의 뜻을 알 수 있는 구체적인 방법은 어떤 것들이 있습니까?

(성경 읽기, 영적 지도자의 권면, 성령님의 깨닫게 해주시는 지혜, 환경으로 열리는 상황

등. 그 밖에 내 생각을 적어보세요.)

기도

주님, 문제를 만났을 때 내가 생각하는 것을 고집하기보다는 하나님의 말씀에 순
종하도록 도와주세요.

순종은 큰 것이 아닌 작은 것에서 더 잘 볼 수 있다
_토마스 풀러

# 순종을 가르치기 전

베드로전서 5:3

맡은 자들에게 주장하는 자세를 하지 말고 양 무리의 본이 되라

   다음 세대에 순종을 가르치기 전에 어른인 우리들은 무엇보다 다음 세대의 자녀들에게 본이 되도록 순종하는 모습을 보여주어야 합니다. 자신의 모습 속에 불순종의 모습은 없었는지 생각해보는 것이 중요합니다. 순종하라고 강요하고 타이르는 것보다 한 번의 행동으로 순종하는 모습을 보여주는 것이 더 훌륭한 교육이 됩니다. 하지만 순종은 그리 쉽지는 않습니다. 결단과 실천하려는 노력이 필요합니다.

   성경에서도 "맡은 자들에게 주장하는 자세를 하지 말고 양 무리의 본이 되라"(베드로전서 5:3)라고 명하셨습니다.

   좋은나무성품학교 밀알유치원에서 순종 캠프가 있었던 날, 한 교사의 이야기입니다.

'순종… 순종', 아이들의 입에서 '순종'이라는 말이 계속 반복되고, 그 의미를 알아갈 즈음에 "순종캠프"가 기획되었습니다. 사전에 장소를 답사하고 캠프 계획들을 세우면서, 마음 한구석에는 궁금증이 자라기 시작했습니다. 바로 '캠프 활동을 통해 순종의 성품을 어떻게 경험할 수 있을까?' 하는 문제였습니다.

드디어 밀알의 아이들과 동역학교 교사들이 참석한 가운데 순종 캠프가 시작되었습니다. 선생님의 지시에 순종하며 친구들과 기쁘게 순종의 태도를 배우는 아이들의 모습은 정말 사랑스러웠습니다.

아이들은 프로그램 하나하나를 모두 기쁘게 참여했고, 자연물을 이용한 꾸미기 활동을 통해 자연을 주신 하나님께 감사를 고백했습니다. 자신에게 어떠한 불순종의 모습이 있었는지 생각해 보고, 순종의 마음을 다짐하는 시간을 가졌습니다. "불순종은 나빠요, 순종할래요"라고 외치는 아이의 모습을 보며 '아! 이것이 살아있는 교육이구나. 아이들이 이번 캠프를 통해 순종이 무엇인지 온몸으로 느끼고 있구나' 하는 생각에 처음 캠프를 준비하면서 들었던 의심들을 말끔히 씻을 수 있었습니다.

하지만 하나님께서는 저에게 더 큰 것을 생각하게 하셨습니다. 그것은 바로 '아이들에게 입으로만 순종을 가르치는 것은 아닌가' 하는 것이었습니다. 그래서 시간을 따로 떼어 불순종했던 모습들을 하나님께 회개하는 시간을 가졌습니다. 하나님 앞에 순종하지 못했던 모습들이 떠올라 통곡의 기도를 드렸습니다. 불순종으로 다른 사람들을 아프게 했던 일, 순종하지 않아서 내가 놓쳐버린 많은 유익, 순종하지 않아서 아이들에게 본이 되지 못했던 모습들을 하나하나 돌아보며 하나님을 붙잡고 회개 기도를 드렸습니다. 이제라도 깨닫게 해 주신 것을 감사드리며, 앞으로 계속 좋은 성품으로 변화될 내 모습과 그로 인한 많은 유익을 기대해 볼 수 있었습니다. 성품을 가르치면서, 하나님의 성품을 닮아가고자 노력하고 늘 깨어 있는 삶을 살기로 오늘도 다짐해 봅니다.

성품을 가르치는 교사나 부모는 먼저 **자신의 성품을 돌아보아야 합니다.** 나의 성품이 그대로 모델링되어 흘러가기 때문이지요. 하나님께서는 순종의 성품을 기뻐하시고 축복하십니다. 순종하는 삶을 살고자 다짐을 했다면 이제 각 사람이 실천하는 모습으로 다음 세대 앞에 서고 또 가르쳐야 합니다. 이것이 바로 하나님께서 함께하시는 성품교육입니다.

성품 브리지|Character bridge

1 계획과 말로만 순종했던 적이 있습니까? 왜 순종을 실천하기 어려웠는지 고백해 보세요.

2 자녀 또는 제자들에게 삶 속에서 순종의 모습을 보여주는 방법에는 어떤 것이 있는지 생각해 보세요.

기도

주님, 다음 세대를 위해 순종하는 모습을 보여 주는 사람이 되도록 인도해 주세요.

# 말씀을 순종하면 이 모든 복이 네게 임하며

신명기 28:1~10

1 네가 네 하나님 여호와의 말씀을 삼가 듣고 내가 오늘 네게 명령하는 그의 모든 명령을 지켜 행하면 네 하나님 여호와께서 너를 세계 모든 민족 위에 뛰어나게 하실 것이라 2 네가 네 하나님 여호와의 말씀을 순종하면 이 모든 복이 네게 임하며 네게 이르리니 3 성읍에서도 복을 받고 들에서도 복을 받을 것이며 4 네 몸의 자녀와 네 토지의 소산과 네 짐승의 새끼와 소와 양의 새끼가 복을 받을 것이며 5 네 광주리와 떡 반죽 그릇이 복을 받을 것이며 6 네가 들어와도 복을 받고 나가도 복을 받을 것이니라 7 여호와께서 너를 대적하기 위해 일어난 적군들을 네 앞에서 패하게 하시리라 그들이 한 길로 너를 치러 들어왔으나 네 앞에서 일곱 길로 도망하리라 8 여호와께서 명령하사 네 창고와 네 손으로 하는 모든 일에 복을 내리시고 네 하나님 여호와께서 네게 주시는 땅에서 네게 복을 주실 것이며 9 여호와께서 네게 맹세하신 대로 너를 세워 자기의 성민이 되게 하시리니 이는 네가 네 하나님 여호와의 명령을 지켜 그 길로 행할 것임이니라 10 땅의 모든 백성이 여호와의 이름이 너를 위하여 불리는 것을 보고 너를 두려워하리라

## 순종의 결과

하나님은 순종하는 사람을 귀하게 여기십니다. 순종하는 자에게 주시는 축복의 말씀은, 우리에게 벅찬 감격을 느끼게 합니다. 오늘의 말씀을 현대적인 의미로 풀어 보면

- 세계 모든 민족 위에 뛰어나게 하십니다. 민족적으로는 지도자 나라가 되게 하십니다.
- 성읍에서도 복을 받고 들에서도 복을 받습니다. 개인적으로는 사회 지도자가 되고, 풍성한 복을 누리게 됩니다.
- 자손들이 잘되고, 사업은 성장합니다.
- 경쟁에서 승리하게 됩니다.
- 지켜보는 사람들의 존경과 귀감이 됩니다.

## 순종의 과정으로 맺는 달콤한 열매

사람들은 살아가면서 끊임없이 복을 구합니다. 사람이 추구하는 복은 한결같이 명예의 축복, 사업의 축복, 자손의 축복, 안전의 축복, 지도자가 되는 축복 등입니다. 즉 집안이 잘되고 사업이 잘되고 사람들에게 인정받고자 하는 것입니다. 그러나 이 모든 축복은 순종의 성품으로 하나님께 나아갈 때 약속하신 것입니다.

순종하는 삶을 사는 것이 힘들고 어렵게만 느껴집니까? 복을 얻기 위해 애쓰고 노력하며 힘든 삶을 사는 것보다는, 하나님께 순종하면서 애쓰는 삶이 더 가치 있고 귀합니다. 힘들고 고통스럽더라도 하나님께서

기뻐하시는 순종을 실천하십시오. 하나님과 권위에 순종하는 것이 때로는 힘든 노력과 과정을 요구할 수 있습니다. 하지만 순종을 통해 고통의 과정을 극복하면 그 후에는 하나님이 함께하시는 축복이 기다리고 있습니다. **축복은 순종의 결과입니다.** 축복은 고통과 인내의 결과입니다.

성품 브리지|Character bridge 🐾

1 순종이 당신의 삶에서 어떤 축복과 열매로 나타나겠습니까?

2 오늘 따라야 할 하나님의 말씀, 또는 부모, 상사의 지시는 무엇인가요?

기도

주님께서 저에게 말씀을 지켜 행하라고 하신 것은 복 주시기 위함임을 알게 되었습니다. 주님을 바라보며 순종하도록 도와주세요.

# 순종으로 복 받은 존 데이비슨 록펠러

신명기 15:4

네가 만일 네 하나님 여호와의 말씀만 듣고 내가 오늘 네게 내리는 그 명령을
다 지켜 행하면 네 하나님 여호와께서 네게 기업으로 주신 땅에서 네가 반드
시 복을 받으리니 너희 중에 가난한 자가 없으리라

세계 최고의 부자이자 자선 사업가인 록펠러는 몹시 가난한 집안에서
자랐습니다. 비록 집안 형편은 부유하지 않았지만, 록펠러의 어머니는
깊은 신앙심과 사랑으로 록펠러를 엄격하게 교육하였지요.

록펠러가 6살 되던 해, 록펠러는 어머니로부터 1주일에 20센트씩 용
돈을 받았습니다.

용돈을 록펠러에게 주면서 어머니는 늘 록펠러의 손을 잡고 말씀하셨
습니다.

"애야, 20센트 중 십일조인 2센트는 하나님의 것이란다. 오늘 교회에
가서 제일 먼저 2센트의 십일조를 드려야 한다."

어린 록펠러는 어머니의 말씀에 기쁜 마음으로 따랐고 어머니가 지시

하신 대로 순종했습니다. 어른이 되어 회사를 운영하던 록펠러는 정직의 성품으로 한 번도 빠지지 않고 십일조를 드렸다고 합니다. 언제나 성실하고 근면한 록펠러는 결국 세계 최고의 부자가 되었고 자신이 소유한 많은 부를 다른 사람들을 돕는 데 사용하였습니다. 록펠러는 98년의 생을 사는 동안 자신이 번 돈으로 록펠러재단을 세워 많은 공공사업과 선한 일에 앞장섰습니다.

어느 신문 기자가 록펠러에게 질문했습니다.

**"당신이 세계 최고의 부자가 된 비결이 무엇입니까?"**

그러자 록펠러는 이렇게 대답했다고 합니다.

"나는 어머니로부터 굉장한 유산을 물려받았습니다. 그것은 신앙이라는 이름의 유산이었지요. 어머니께서 가르쳐 주신대로 정성스러운 십일조로 그 은혜에 보답했어요. 순종을 모르는 사람은 부자가 될 수 없답니다."

록펠러의 어머니는 세상을 떠나기 전 록펠러에게 10가지의 가르침을 주셨는데 록펠러는 어머니의 현명한 가르침에 평생 기쁜 마음으로 순종했다고 합니다.

〈록펠러의 어머니가 남긴 10가지의 가르침〉

1. 하나님을 친아버지로 섬겨라. 친아버지보다 더 중요한 공급자는 바로 하나님이시다.

2. 목사님을 하나님 다음으로 섬겨라. 목사님과 좋은 관계 속에서 하나님의 말씀을 듣고 따르는 것이 축복된 길이다.

3. 주일 예배는 본 교회에서 드려라. 하나님의 자녀로서 교회에 충성해야 한다.

4. 오른쪽 주머니는 항상 십일조 주머니로 하여라. 십일조는 하나님의 것이므로 먼저 구별한 후 나머지를 사용해야 한다.

5. 아무도 원수를 만들지 말라. 다른 사람들과 관계가 좋지 않으면 일마다 장애 요소가 될 수 있기 때문이다.

6. 아침에 목표를 세우고 기도하라. 오늘 해야 할 일 가운데 하나님께서 모든 일에 함께 해 주실 것을 온전히 믿는 기도가 필요하다.

7. 잠자리에 들기 전 하루를 반성하고 기도하라. 빨리 회개하여 죄로 인한 어려움과 고통을 피할 수 있어야 한다.

8. 아침에는 꼭 하나님 말씀을 읽어라.

9. 남을 도울 수 있으면 힘껏 도우라. 그리고 도운 일에 대해 절대로 나팔을 불면 안 된다.

10. 예배 시간에는 항상 앞에 앉아라. 예배드리고 말씀 듣는 일에 누구보다도 앞장서서 하려는 노력이 필요하다.

## 성품 브리지 | Character bridge

1 록펠러 어머니의 가르침을 살펴보고 내가 적용할 것들을 생각해 보세요.

2 세상의 부귀영화를 성공으로 알고 달려가는 현대인들에게 록펠러의 성공은 어떤 의미가 있습니까?

기도

주님, 순종의 성품으로 자녀가 세계 최고의 복을 누리도록, 좋은 마음의 영적 부모가 되게 해 주세요.

진정한 순종은 뒤로 미루는 것도 아니요, 의심하는 것도 아니다
_프란시스 까를레즈

# 나아와 듣고 행하는 자마다

**누가복음 6:47~49**

47 내게 나아와 내 말을 듣고 행하는 자마다 누구와 같은 것을 너희에게 보이리라 48 집을 짓되 깊이 파고 주추를 반석 위에 놓은 사람과 같으니 큰 물이나서 탁류가 그 집에 부딪치되 잘 지었기 때문에 능히 요동하지 못하게 하였거니와 49 듣고 행하지 아니하는 자는 주추 없이 흙 위에 집 지은 사람과 같으니 탁류가 부딪치매 집이 곧 무너져 파괴됨이 심하니라 하시니라

### 지혜로운 사람

오늘의 말씀은 어떻게 지혜로운 자가 될 수 있는가를 알려주고 있습니다. 어디에 반석을 두고 집을 짓느냐에 따라 우리의 인생이 달라집니다. 시련이 올 때 비로소 어디에 기초를 두고 살았는지가 드러나게 됩니다.

### 말씀에 기초를 두는 삶

인생은 마치 절벽에 걸쳐있는 외줄을 누구도 예외 없이 건너가는 것과 같습니다. 또 어느 때는 성난 파도가 일렁이는 바다에서 윈드서핑을

하는 것과 같다고 합니다. 이러한 인생에서 끝까지 살아남기 위해서는 고도의 균형 감각을 익히는 훈련이 필요합니다. 균형을 상실하면 절벽 아래로 떨어지고 또 성난 파도 속으로 빠져 버리기 때문입니다.

삶의 균형을 익히는 것은 삶의 원칙과 기준을 흔들리지 않는 하나님 말씀에 기초를 두는 것에서 비롯됩니다. 세상의 지혜와 철학은 세월을 따라 또는 시대에 따라 변해갑니다. 이런 세상의 지혜와 철학에 의존하는 사람들은 흔들리는 외줄 위에서 발버둥 치다가 결국에는 절벽 아래로 추락하는 결과를 경험하게 되는 것입니다. 세월이 가도 변하지 않고, 시대가 달라져도 변하지 않는 하나님 말씀을 진지하게 경청하고 그 말씀을 삶의 기초로 삼는 사람은 흔들리는 외줄 위에서도, 성난 파도가 이는 바다에서도 또한 휘몰아치는 태풍 속에서도 절대 흔들리지 않는 견고한 삶을 살 수 있습니다.

하나님의 말씀은 영원하고, 변치 않으며, 사람들에게 지혜를 주고, 고통 중에 있는 사람들에게 위로를 줍니다. 그렇기 때문에 하나님 말씀에 깊이 뿌리를 내리고 사는 사람은 영원한 가치를 추구하게 되고, 어떤 상황에서도 절대 좌절하지 않으며 문제를 극복하고, 사람들에게 위로와 기쁨을 주는 삶을 살게 됩니다.

하나님 말씀에 순종하여 견고한 삶을 살게 되기를 바랍니다. 삶이 흔들릴 때 하나님 말씀을 붙들기를 바랍니다. 힘이 빠지고 영혼이 고갈되었다는 생각이 든다면 영혼의 양식인 하나님 말씀을 섭취하십시오. 생명의 양식인 하나님의 말씀이 **당신의 삶을 더욱 견고하고 풍성하게 해 줄 것입니다.**

영혼이 갈급한 사람, 인간관계가 깨어진 사람, 아무도 없어 외롭고 상실감에 빠진 사람에게 하나님의 말씀은 영혼을 만족시키며, 깨어진 인간관계를 회복시키시고, 감격과 기쁨의 삶으로 인생을 새롭게 해줍니다.

### 성품 브리지|Character bridge

1 불순종하는 것이 더 재미있고 신나는 삶이라고 생각할 때가 있었습니까?
2 내가 순종함으로 나의 공동체(가족, 교회, 직장)에 어떤 유익이 있는지 생각해 보세요.

### 기도

주님, 한 사람의 순종이 얼마나 큰 영향력을 가지는지 알게 하시니 감사합니다. 저의 순종이 하나님 축복의 통로가 되도록 은혜를 베풀어 주세요.

# 작고 사소한 것부터 순종하십시오

베드로전서 5:5~6

5 젊은 자들아 이와 같이 장로들에게 순종하고 다 서로 겸손으로 허리를 동이라 하나님은 교만한 자를 대적하시되 겸손한 자들에게는 은혜를 주시느니라 6 그러므로 하나님의 능하신 손 아래에서 겸손하라 때가 되면 너희를 높이시리라

지금은 유명한 목사님이 되신 김 목사님은 오래전 청년이었을 때 매우 가난하게 살았습니다. 돈이 없어 배우지는 못했지만 믿음이 있고 진실하여 선교사님 댁에서 일을 해드리고 있었습니다. 당시의 김 목사님은 어찌나 신실하고 정직하던지 선교사님은 그에게 모든 것을 다 맡겼습니다.

한번은 선교사님이 장작 한 트럭을 사서 김 목사님에게 구석에 쌓아놓으라고 말했습니다. 목사님은 잘 쌓아 놓고 뒤처리까지 깨끗이 해놓았지요. 그런데 얼마 안 있어 비에 젖고 있는 장작더미를 보더니 비를 피해 다른 곳에 다시 옮겨놓으라고 했습니다. 김 목사님은 다시 그 장작더미를 비 맞지 않을 장소에 잘 쌓아두었습니다.

며칠 후 선교사님이 김 목사님을 부르더니 이 장작들은 문간에 쌓아서 미관상 좋지 않으니 다른 곳으로 옮겨 놓으라고 했습니다. 보통 사람 같으면 "저 선교사가 장작 병이 들었나? 아니면 머리에 이상이 생겼나?"하면서 불평하며 불순종했겠지만 김 목사님은 아무 불평 없이 다시 장작을 옮겨 놓았습니다. 이렇게 꼭 7번을, 장작을 다시 쌓고 옮기고를 반복했습니다. 이 일을 시킨 선교사님은 처음 세 번까지는 그럴만한 이유가 있어서 일을 지시했지만, 그 후에는 김 목사님이 얼마나 순종하는가를 보기 위해 계속된 지시를 내린 것이었습니다.

그러나 끝까지 순종하는 김 목사님을 보고 선교사님은 흡족한 마음에 미국으로 편지를 보내서 김 목사님의 진실성과 순종의 성품을 알리고 신학 공부를 통해 목사님이 되게 해야겠다고 초청장을 보내 달라고 했습니다.

선교사님이 크리스마스 선물로 초청장을 주기 위해 김 목사님을 불렀습니다. 김 목사님은 또 장작을 쌓으라고 하는 줄 알고 "목사님 이제는 장작을 어디에 쌓을까요?"라고 반문했습니다. 그러자 선교사님이 웃으며 대답했습니다.

"이제는 장작이 아니라 초청장이오. 이것을 가지고 미국에 가서 열심히 공부하셔서 훌륭한 목사님이 되길 바랍니다."

감사한 마음으로 초청장을 받은 김 목사님은, 그 후 미국으로 건너가서 공부를 마치고 돌아와, 현재는 대학교 학장으로 많은 일을 섬기고 있습니다.

여러분이라면 어떻게 하겠습니까? 김 목사님에게 장작을 옮겨 놓으라고 지시했던 선교사님은 김 목사님이 얼마나 순종하는지 시험해보고, 순종의 시험을 통과한 김 목사님에게 목회자로서 공부할 수 있는 길을 제안했습니다.

기업에 입사한 엘리트들이 초기 3년 이내에 이직하는 일이 많은 것은, 상사의 커피 심부름이나 복사하라는 자질구레한 일들을 극복하지 못했기 때문이라고 합니다. 그것은 어쩌면 기업에서 적응할 수 있는지에 대한 일종의 테스트인지도 모릅니다. **작은 일부터 순종하면 큰일도 맡겨질 때가 옵니다.**

성경은 젊은이들에게 순종할 것을 권면하고 있습니다. 왜냐하면 하나님께서 높이실 때가 반드시 있기 때문입니다(베드로전서 5:5, 6). 때로는 황당한 지시도 있을 것입니다.

그러나 일단 순종하는 태도를 잃지 않는 것이 성공하는 인생의 지름길이 됩니다.

성품 브리지|Character bridge 🐾

1 작고 사소한 일이라고 생각되지만 순종해야 한다고 여겨지는 것은 무엇입니까?

2 '언제까지 이 일을 해야 하나?' 하고 절망하게 될 때가 있습니까? 때가 될 때까지 준비하게 하시는 주님을 바라보세요.

기도

주님, 오늘 나에게 맡겨진 일들을 작고 사소한 일이라고 생각하지 않고 올바른 태도로 순종할 수 있도록 도와주세요.

# 마음이 굳어 순종하지 않고

**사도행전 19:9**

어떤 사람들은 마음이 굳어 순종하지 않고 무리 앞에서 이 도를 비방하거늘 바울이 그들을 떠나 제자들을 따로 세우고 두란노 서원에서 날마다 강론하니라

**로마서 2:8**

오직 당을 지어 진리를 따르지 아니하고 불의를 따르는 자에게는 진노와 분노로 하시리라

옛 속담에 "세 살 버릇 여든까지 간다"라는 말이 있습니다. 어렸을 때 형성된 사고방식이나 습관은 좀처럼 바꾸기 어렵다는 말입니다. 고정관념이나 선입견 등은 우리 생각에 깊이 뿌리 내리고 그 생각으로 세상을 바라보며 의사결정을 하고 세상을 살아갑니다.

이것을 우리는 패러다임이라고 합니다.

긍정적인 패러다임을 갖고 이에 따른 행동과 훈련을 한 사람은 바람직한 습관으로 좋은 열매를 맺습니다. 순종의 훈련을 하면서 살아온 사람은 순종의 패러다임으로 생활 속에서 순종이 자연스럽게 나타납니다.

하지만, 하나님의 말씀 없이 인생을 자기 생각과 마음에 따라 살아온 사람은 하나님 말씀에 순종한다는 것을 마치 불가능에 도전하는 것처럼 여기며 무척이나 힘들어합니다. 더 나아가 말씀에 순종하는 것을 거세게 거부하고 반항하는 것입니다.

하나님 말씀에 순종하는 것을 방해하는 첫 번째 요인은 바로 우리의 생각을 과거의 경험과 학습에 고정해놓고 절대 바꾸지 않는 굳은 마음과 생각 때문입니다. 생각을 바꾸는 훈련을 하지 않는 한, 행동으로 순종하는 것은 기대하기 어려운 것입니다.

또한 사람들은 사람들을 의식하며 살아가기 때문에 다른 사람이 나를 어떻게 생각할까에 무척 민감합니다. 특히 사회 지도층이나 연예인들은 여론과 인기에 따라 행동하고 판단하며 살아갑니다. 이 사회는 하나님 말씀을 거역하고 또 하나님을 대적하는 것이 소위 말하는 대세입니다. 이런 사회에서 살다보니 신앙인들조차도 사회의 흐름과 분위기에 맞추려 하고 있습니다. 이것이 진리인지를 분별하기 보다는 이것이 사회의 흐름이냐에 무게를 두고 순응하는 것입니다. 이것이 하나님 말씀에 순종하는 것을 방해하는 두 번째 요인입니다.

**하나님께 대한 사랑은 순종의 삶으로 나타납니다.**

즐거이 주님께 순종하는 것은 나의 주변과 세상이 하나님을 경험하게 하는 축복의 가교 역할을 합니다.

성품 브리지|Character bridge 🍇

1 하나님을 사랑하는 것을 오늘 어떻게 표현하겠습니까?

2 나의 순종으로 다른 사람들에게 하나님을 어떻게 나타낼 수 있습니까?

기도

주님, 오늘 제가 말씀에 순종하는 자가 되어 저의 순종을 통해 하나님을 드러내게
해주세요.

# 순종을 가르치는 방법들

**신명기 10:13**

내가 오늘 네 행복을 위하여 네게 명하는 여호와의 명령과 규례를 지킬 것이 아니냐

가정에서 순종을 가르치세요.

가정은 순종의 성품을 배우고 가르치고 훈련하는 가장 좋은 장소입니다.

자녀의 행복한 미래를 위해서는 부모가 일찍부터 '순종'이라는 아름다운 세계로 자녀를 인도하는 안내자가 되어야 합니다. 부모가 순종하는 모습을 직접 보여줄 때 자녀가 순종을 배울 수 있습니다.

순종을 가르치는 가장 효과적인 방법은 부모 자신이 권위 앞에 순종하는 모습을 자녀들에게 본보기로 보여 주는 것입니다. 또한 어머니가 아버지에게 보이는 순종과 존중의 태도를 자녀들이 눈여겨보면서 자신의 삶과 연결하고 있다는 것을 잊지 말아야 합니다. 아버지가 직장 상사를 대하는 태도, 직장의 업무에 임하는 태도를 보면서 자녀들도 직장관,

업무 수행 방법들을 미리 익히고 있다는 사실을 기억하십시오. 온 가족이 함께 나들이 갈 때 어른이 솔선하여 공공질서와 예절을 지키는 모습에서, 아이들은 사회를 향한 순종의 모습을 배우고 익히게 됩니다.

순종의 성품은 칭찬할수록 계발됩니다.

칭찬을 통해 순종의 성품을 더 성취감 있게 발전시킬 수 있습니다. 상황에 따른 적절한 칭찬이 동기유발이 되어 순종의 성품을 더욱 연마하게 합니다. 생활 속의 여러 가지 상황에서 아래와 같이 칭찬하고 격려해 보십시오.

학교에서 "네가 선생님의 지시에 따라 잘 순종해 주어서 그 과제의 성적이 훌륭하구나."

"네가 좋은 태도로 학습 준비물을 챙겨 오는 순종의 모습을 보니 정말 기쁘다."

가정에서 "장난감을 가지고 놀다가 제자리에 정리하라는 엄마의 말에 순종해 주어서 정말 고맙다. 순종하는 네 모습이 정말 믿음직스럽구나."

"내가 너를 불렀을 때 순종하는 모습으로 빨리 와 주어서 참 고맙구나."

직장에서 "당신이 하던 일을 멈추고 새로운 과제에 즉시 착수하는 순종의 모습을 보여주어서 참 감사합니다."

사회에서 "쓰레기를 가정으로 갖고 가라는 공원 관리자의 지시를 잘 수행해 주는 당신의 모습이 참 자랑스러워요."

"교통질서를 잘 지키는 당신이 정말 멋집니다."

예의 바르게 **'창조적 제안'**을 하는 방법을 배워야 합니다.

권위자의 지시가 적절하지 못하다는 생각이 들 때 어떻게 하는 것이 좋은 방법입니까? 현명하게 대처하는 방법을 먼저 가르쳐 주십시오. 불평하며 불만을 터뜨리는 모습은 효과적이지 못합니다. 더 큰 리더십을 발휘하기 위해서는 긍정적인 영향을 줄 수 있어야 합니다.

창조적 제안이란 권위자가 미처 알지 못한 정보를 조심스럽게 알려서 현명한 지시를 할 수 있도록 돕는 방법입니다. 뒤에서 비난이나 불평하는 태도는 서로에게 좋지 않습니다. 어려서부터 '창조적인 제안'을 하는 방법을 가르친다면 모든 관계에서 성공하는 지혜자가 될 것입니다.

**성품 브리지**|Character bridge 🌿

1 칭찬을 통한 성품교육을 연습해 봅시다. 오늘 만나는 5명에게 순종의 성품을 칭찬해 보세요.

2 순종의 관계 속에서 창조적 제안을 어떻게 사용할지 생각해 보세요.

**기도**

다음 세대를 하나님의 성품으로 디자인할 수 있도록, 순종을 가르치는 다양한 방법들이 내 몸과 마음에 익숙해지게 도와주세요.

# 피차 복종하라

에베소서 5:20-24

20 범사에 우리 주 예수 그리스도의 이름으로 항상 아버지 하나님께 감사하며 21 그리스도를 경외함으로 피차 복종하라 22 아내들이여 자기 남편에게 복종하기를 주께 하듯 하라 23 이는 남편이 아내의 머리 됨이 그리스도께서 교회의 머리 됨과 같음이니 그가 바로 몸의 구주시니라 24 그러므로 교회가 그리스도에게 하듯 아내들도 범사에 자기 남편에게 복종할지니라

에베소서 6:1-7

1 자녀들아 주 안에서 너희 부모에게 순종하라 이것이 옳으니라 2 네 아버지와 어머니를 공경하라 이것은 약속이 있는 첫 계명이니 3 이로써 네가 잘되고 땅에서 장수하리라 4 또 아비들아 너희 자녀를 노엽게 하지 말고 오직 주의 교훈과 훈계로 양육하라 5 종들아 두려워하고 떨며 성실한 마음으로 육체의 상전에게 순종하기를 그리스도께 하듯 하라 6 눈가림만 하여 사람을 기쁘게 하는 자처럼 하지 말고 그리스도의 종들처럼 마음으로 하나님의 뜻을 행하고 7 기쁜 마음으로 섬기기를 주께 하듯 하고 사람들에게 하듯 하지 말라

로마서 13:1-3

1 각 사람은 위에 있는 권세들에게 복종하라 권세는 하나님으로부터 나지 않음이 없나니 모든 권세는 다 하나님께서 정하신 바라 2 그러므로 권세를 거스르는 자는 하나님의 명을 거스름이니 거스르는 자들은 심판을 자취하리라 3 다스리는 자들은 선한 일에 대하여 두려움이 되지 않고 악한 일에 대하여 되나니 네가 권세를 두려워하지 아니하려느냐 선을 행하라 그리하면 그에게 칭찬을 받으리라

베드로전서 5:5-6

5 젊은 자들아 이와 같이 장로들에게 순종하고 다 서로 겸손으로 허리를 동이라 하나님은 교만한 자를 대적하시되 겸손한 자들에게는 은혜를 주시느니라 6 그러므로 하나님의 능하신 손 아래에서 겸손하라 때가 되면 너희를 높이시리라

### 순종의 대상

이기심과 욕심에 익숙한 사람들이 어려워 하는 것은 권위에 대한 순종입니다. 그러나 순종이 축복이고 순종이 삶을 풍요롭게 한다는 하나님의 약속을 믿는다면 순종은 불편하거나 어색한 것이 아닙니다.

신앙인에게 있어 **가장 근본적인 순종의 대상**은 하나님 아버지와 주 예수 그리스도이십니다. 하나님께 순종하는 사람은 눈에 보이는 세상의 권위에도 동일하게 순종해야 합니다. 이 땅에서 그리스도인이 순종해야 할 대상은 누구일까요?

첫째, 가정에서 남편에 대한 아내의 복종입니다. 아내가 남편에게 복종하는 것을 마치 교회가 그리스도와의 관계에서 보여주는 사랑의 순종과 같아야 한다고 성경은 말합니다.

둘째, 가정에서 자녀가 부모에게 순종하는 것입니다. 이것은 자녀가 삶을 옳게 사는 길이며 땅에서 잘되고 장수하는 비결이기도 합니다. 자녀가 독립적으로 부모를 거역하고 불순종하는 것보다, 부모에게 순종하는 삶이 오히려 축복과 진정한 자유를 누리는 삶임을 알아야 합니다.

셋째, 직장에서 상사에 대해 순종하는 것입니다. 성경은 직장의 상사에게 복종하는 것을 하나님께 복종하는 것과 같다고 말합니다. 직장의 상사는 인격 때문이라기보다는 권위를 부여받은 자이기에 존경하고 복종해야 합니다.

넷째, 국가와 사회의 지도자에 대한 순종입니다. 국가와 사회의 지도자는 하나님께서 정하신 권위이고 이 권위를 인정하지 않는 것은 하나님을 인정하지 않는 것과 같습니다.

국가와 사회의 지도자에게 순종하는 것은 사회의 질서와 안녕을 위해 국민 된 신앙인의 도리입니다.

다섯째, 영적 지도자에 대한 순종입니다. 하나님이 대적하는 자들은 교만하고 불순종하는 사람입니다. 하나님은 결코 불순종하는 자에게 하나님 나라의 중요한 역할을 맡기지 않습니다. 하지만 순종하고 겸손한 자들을 하나님은 높이십니다.

성품 브리지|Character bridge 🐾

1 당신의 삶에서 순종하기 어려운 대상은 누구입니까?

2 하나님께서 당신에게 순종하라고 말씀하시는 대상은 누구입니까?


기도

주님, 예수 그리스도를 경외함으로 피차 순종하게 도와주세요.

# 마음에 안 드는 지도자에게 어떻게 순종해야 할까요?

베드로전서 2:17

**뭇 사람을 공경하며 형제를 사랑하며 하나님을 두려워하며 왕을 존대하라**

자신의 형제를 죽인 사람이 자신의 상관으로 와서 그를 공경해야 하는 일이 생긴다면 당신은 어떻게 하시겠습니까? 아마 많은 사람이 원수를 갚겠다고 나설 것입니다.

그런데, 베드로전서 2:13-17에서 베드로가 말하는 왕은 실제로 야고보의 목을 벤 헤롯 아그립바 1세였습니다. 그는 백성의 환심을 사려고 주님의 사도를 죽였지요. 그런 사람을 어떻게 베드로는 공경하라고 말할 수 있었을까요? 바로 그 사람의 너머를 볼 수 있는 능력이 있었기 때문입니다. 그 사람을 세우신 하나님 아버지를 신뢰할 때만이 가능한 일이지요.

많은 사람이 지도자의 성격, 스타일이 마음에 들 때만 지도자로 섬깁니다. 자신에게 친절하게 대해주고 도움이 될 때는 공경해도 그렇지 않을 때는 냉정하게 뒤돌아서고 맙니다. 그러나, 권위에 복종하지 않는다면 그것은 참으로 하나님을 경외하는 태도라고 할 수 없습니다. 권위자를 세우신 그 너머에 있는 존재를 인정하지 못하는 불신의 태도가 되는 것입니다.

눈에 보이는 자신의 권위도 인정하지 못하는데, **어떻게 눈에 보이지 않는 하나님을 경외할 수 있습니까?** '왕을 존대하라' 혹은 '공경하라'는 뜻은 그리스어로 '티마오(timao)'입니다. '공경하다, 존경하다, 높이다'라는 뜻의 이 말은 요한복음 8:49에 나오는 '나는 내 아버지를 공경한다'라고 예수님이 사용하신 그리스 단어와 같습니다. 웹스터 사전에는 이 말이 '존경하고, 존중하고, 공손히 복종으로 대하며 해당 의무를 수행한다'라는 의미로 풀이됩니다.

이사야 11:2, 3은 앞으로 오실 구세주 즉 예수님의 성품에 대하여 이렇게 말합니다.

"그의 위에 여호와의 영, 곧 지혜와 총명의 영이요 모략과 재능의 영이요, 지식과 여호와를 경외하는 영이 강림하시리니 그가 여호와를 경외함으로 즐거움을 삼을 것이며 그의 눈에 보이는 대로 심판하지 아니하며 그의 귀에 들리는 대로 판단하지 아니하며"라고 묘사되어 있습니다. 여호와를 경외함으로 눈에 보이고 귀에 들리는 대로 판단하지 않으신 예수님의 모습을 닮아가야 합니다. 이것이 바로 우리가 따라야 할 예수님의 성품입니다.

우리의 지도자가 우리 스타일에 맞지 않고 마음에 들지 않을 때 우리는 어떻게 해야 합니까? 그래도 우리는 그를 공경해야 합니다. 우리를 위해 지도자를 내 앞에 두셔서 나의 성품을 성장시키는 하나님의 섭리를 경외하는 마음으로 따라가야 합니다.

성품 브리지|Character bridge 🍀

1 왜 우리에게 순종하기 어려운 지도자를 주셨는지 생각해 보세요.

2 지도자에게 어떤 태도를 가져야 하는지 생각해 보세요.

기도

주님, 도저히 공경할 수 없고 순종할 수 없는 지도자를 내 앞에 두실 때, 귀에 들리는 대로 눈에 보이는 대로 판단하지 않고 그 너머에 계시는 주님으로 인해 순종하는 자세를 갖게 해주세요.

# 일의 결국을 다 들었으니

전도서 12:13

일의 결국을 다 들었으니 하나님을 경외하고 그의 명령들을 지킬지어다 이것
이 모든 사람의 본분이니라

　하나님께 순종하는 방법을 훈련합시다.
　순종하는 방법을 훈련하지 않으면 순종한다는 것이 절대 쉽지 않습니
다. 하나님께 순종하는 방법을 훈련해야 합니다. **하나님께 순종하기 위
해 어떤 마음가짐이 필요합니까?**

　첫째, 인간은 하나님의 형상대로 지음을 받았다(창세기 1:27)는 것을
인식해야 합니다.
　인간은 하나님의 형상, 즉 하나님의 성품을 따라 창조되었습니다. 인
간은 하나님의 성품, 즉 지식(생각), 감정, 의지(행동)를 사용하여 하나님
께 순종해야 합니다. 하나님은 우리가 우리의 성품을 다해 하나님께 순
종하는 것을 기뻐하십니다.

둘째, 내 방법이나 경험이 아닌 하나님의 말씀대로 순종해야 합니다. 이스라엘 초대 왕인 사울이 자기 생각과 방법으로 하나님께 제사를 드리다가 하나님의 버림을 받은 것을 생각해 봅시다. 다윗 왕이 자기 생각과 방법대로 법궤를 옮기다가 하나님의 진노를 산 것을 기억해 보십시오. 하나님께 대한 순종은 하나님이 말씀하신 대로 순종하는 것입니다. 하나님께서는 순종이 제사보다 낫다고 말씀하십니다(사무엘상 15:22)

셋째, 어떠한 상황에서도 인간의 본분이 하나님께 순종하는 것이라는 사실을 잊지 말아야 합니다. 문제가 생기고 위기가 닥치면 하나님의 말씀에 귀를 기울이고 하나님이 말씀하시는 대로 순종해야 하는데, 하나님의 음성에 귀를 기울이는 것보다는 우선 문제 해결을 위해 동분서주하는 것이 많은 신앙인의 모습입니다. 문제해결보다 문제에 대한 하나님의 음성을 듣고, 말씀하시는 대로 순종하십시오. 이것이 인간의 본분입니다.

하나님께서 기뻐하시는 순종을 하기 위해서는, 하나님이 원하시는 순종의 수준과 하나님이 원하시는 순종의 방법이 무엇인지 바로 알아야 합니다. 우리는 하나님께 순종해야 하는 하나님의 형상과 성품대로 지음 받은 존재인 것과 하나님께 순종하는 것이 인간의 본분이라는 것을 기억하십시오. 종교의식과 행사에 참여하고, 열심히 봉사하기 이전에, 오늘 나의 의식과 행사 참여나 봉사가 하나님의 말씀대로 하는 것인지를 점검하는 것이 선행되어야 합니다. 하나님의 방법과 하나님의 뜻대로 하지 않는 것은 우리 인생의 날수에서 카운트될 수 없기 때문입니다.

성품 브리지|Character bridge 🍇

1  순종하기 위해 어떤 마음가짐이 필요합니까?

2  하나님이 기뻐하시는 순종은 무엇입니까?


기도

주님, 주님의 형상대로 지음 받은 우리가 주님의 말씀대로 순종하는 본분을 다하

도록 도와주세요.

# 난 순종하는 어린이가 될 거야

야고보서 1:22

**너희는 말씀을 행하는 자가 되고 듣기만 하여 자신을 속이는 자가 되지 말라**

배우고 깨달은 대로 항상 삶 속에 적용하면 얼마나 좋겠습니까? 순종의 유익을 알면서도, 우리는 현실에서 나의 뜻과 나보다 위에 있는 사람들의 뜻이 다를 때 순종하지 않고 내 뜻을 관철하려고 노력합니다. 내가 원하는 때에 원하는 것을 해야 직성이 풀리고 안 될 때는 억지나 떼를 써보기도 합니다. 이럴 때 **순종에 대한 결단과 행하려는 의지가 필요합니다.**

성경에서도 "너희는 말씀을 행하는 자가 되고 듣기만 하여 자신을 속이는 자가 되지 말라(야고보서 1:22)"고 말합니다. 내 생각을 내려놓고 나보다 지혜로운 사람들의 지시를 잘 새겨듣고 따르면 분명히 순종의 열매를 맛볼 수 있습니다. 그럴 때 진정한 순종을 배워나가는 것입니다.

좋은나무성품학교 잠실밀알유치원에 다니는 현서 어린이의 어머니가 쓴 글을 볼까요?

오늘도 현서는 순종의 정의 노래를 흥얼거립니다. 너무나 귀여운 모습에 흐뭇하기도 하고 순종이 무엇인지 잘 알고 있는 건지 의문도 들었습니다.

"현서야, 순종이 뭐야?"

"응! 순종이란, 나를 보호하고 있는 사람들의 지시에 좋은 태도로 기쁘게 따르는 것이에요."

현서가 또박또박 순종의 정의를 말해줍니다. 그리고는 "난 순종하는 어린이가 될 거야"라고 말하며 즐거워합니다.

평소에도 엄마, 아빠 말에 잘 따르던 현서였지만, 요사이 고집을 부리는 경우가 잦았습니다. 그런데 마침 좋은나무성품학교에서 순종에 대해 배우고 있어서 아이에게 도움이 될 것이라고 생각하고 있던 터였습니다.

그러던 어느 날, 회사에서 업무를 보고 있는데 현서로부터 전화가 걸려왔습니다. 내용인즉 아래층에 사는 성문이네 집에 놀러 가면 안 되냐는 것이었습니다.

"현서야. 성문이네 집에 놀러 가기 전에 상대방의 입장을 먼저 물어봐야 해. 네가 가고 싶다고 해서 엄마가 무조건 허락할 수가 없구나. 내일 성문이에게 물어보고 성문이 부모님께서 좋다고 하시면 그때 엄마도 허락할게. 엄마의 말에 순종할 수 있겠니?"라고 현서에게 물었습니다. 끝까지 엄마의 말을 경청한 현서는 울음을 그치고 "네"라고 대답하며 "엄마 말을 따를게요. 그렇게 하는 것이 순종하는 어린이지요?"라고 말했습니다.

배운 것을 잘 이해하고 노력하는 모습이 예뻐서 집에 도착하자마자 현서를 안아주며 격려해 주었습니다. 현서도 **울며 떼쓰는 것이 문제 해결의 좋은 태도가 아니라는 것을 배우고,** 순종했을 때 어떤 유익이 있는지 분명하게 알고 있는 것 같습니다.

다음 날 성문이에게 놀러 가도 되는지 미리 물어본 현서는 친구네 집에서 따뜻한 저녁까지 먹으며 재밌게 놀 수 있었습니다.

한번 배운 순종에 대해 주의를 기울이고 부모님 말씀에 따르려는 현서를 보면서, 배움이 참 중요하고 좋은 성품으로 행동할 때 즐거움과 유익이 있다는 것을 알게 되었습니다.


**성품 브리지|Character bridge**

1 내 생각과 상대방의 생각이 다를 때, 나는 대체로 어떤 태도를 보입니까?
2 평온을 유지하면서 때를 기다리는 순종의 태도가 나에게 있었는지 점검해 보세요.


**기도**

주님, 공동체 안에서 내 생각을 앞세우지 않고, 섬김과 순종의 태도로 문제를 지혜롭게 해결하도록 인도해 주세요

# 복종하기를 주께 하듯 하라

**에베소서 5:20~28**

20 범사에 우리 주 예수 그리스도의 이름으로 항상 아버지 하나님께 감사하며 21 그리스도를 경외함으로 피차 복종하라 22 아내들이여 자기 남편에게 복종하기를 주께 하듯 하라 23 이는 남편이 아내의 머리 됨이 그리스도께서 교회의 머리 됨과 같음이니 그가 바로 몸의 구주시니라 24 그러므로 교회가 그리스도에게 하듯 아내들도 범사에 자기 남편에게 복종할지니라 25 남편들아 아내 사랑하기를 그리스도께서 교회를 사랑하시고 그 교회를 위하여 자신을 주심 같이 하라 26 이는 곧 물로 씻어 말씀으로 깨끗하게 하사 거룩하게 하시고 27 자기 앞에 영광스러운 교회로 세우사 티나 주름 잡힌 것이나 이런 것들이 없이 거룩하고 흠이 없게 하려 하심이라 28 이와 같이 남편들도 자기 아내 사랑하기를 자기 자신과 같이 할지니 자기 아내를 사랑하는 자는 자기를 사랑하는 것이라

**남편과 아내가 서로 순종하는 것이 행복의 지름길입니다**

행복을 꿈꾸며 사랑하는 이들이 결혼을 합니다. 사랑하기 때문에 행

복할 것이라는 생각으로 결혼하지만, 결혼 후 남편과 아내는 서로를 사랑함에도 불구하고 행복하다고 고백하지 못하는 경우를 종종 보게 됩니다. 그 원인은 피차 복종하는 방법을 익히지 못했기 때문입니다. 남편이 아내에게 순종하고 아내가 남편에게 **순종하는 부부 관계**가 행복을 가져다줍니다. 어떻게 남편과 아내가 피차 순종하며 살 수 있을까요?

### 순종하는 남편이 되기 위해

- 아내가 연약한 그릇임을 인식하여 잘 보살피고 챙겨 주십시오.
- 거리낌이 없는 투명한 대화를 하십시오.
- 자녀의 유업을 함께 나눌 상대로 귀히 여기십시오.
- 아내 말에 경청하고, 요청하기 전에 가정 일에 함께 참여하십시오.
- 아내의 취미와 기호를 존중하고 함께 하는 시간을 가지십시오.
- 아내가 좋아하는 음식, 기뻐하는 일 등을 함께 나누십시오.
- 아내가 되어 준 것에 대해 감사하십시오.

### 순종하는 아내가 되기 위해

- 가정의 제사장과 가정으로 남편의 권위를 인정하십시오.
- 자신의 주장이나 의견을 고수하기보다는 남편의 의견에 따르십시오.
- 심한 잔소리나 책망보다는 격려와 위로의 말을 하십시오.
- 남편이 되어 준 것에 대해 감사하십시오.
- 남편의 성공을 위해 할 수 있는 일이라면 기꺼이 나서십시오.
- 남편을 사람들 앞에서 자랑스럽게 말하십시오.

• 남편의 거룩하고 경건한 삶을 위해 기도하십시오.

행복한 부부는, 피차 순종하는 것이 자연스럽습니다. 그러나 순종하는 것이 익숙하지 않은 것이 부부의 현실입니다. 그렇기 때문에 순종의 훈련을 해야 합니다. 부부의 행복은 순종이 보장합니다.

실천할 수 있는 목록을 작성하고 가능한 것부터 순종해 보십시오. 마음에서 우러나와야 실천할 수 있는 것도 있지만 일단 실천해 보면 마음에 감격과 기쁨이 찾아오고, 삶이 변화되는 것을 보게 될 것입니다.

### 성품 브리지|Character bridge 🍇

1 행복한 부부 관계를 위해 오늘부터 당신이 할 수 있는 순종은 어떤 것입니까?

2 부부가 서로를 위해 순종하기 위해서 가장 먼저 가져야 하는 태도는 무엇입니까?

### 기도

주님께서 허락하신 배우자에게 마음을 다하여 순종함으로 행복한 부부생활을 할 수 있도록 도와주세요.

# 순종의 태도 연습

디모데전서 4:8

육체의 연단은 약간의 유익이 있으나 경건은 범사에 유익하니 금생과 내생에 약속이 있느니라

대부분의 사람은 배드민턴을 칠 줄 압니다. 특별한 기술이 없어도 누구나 쉽게 칠 수 있는 운동이 배드민턴입니다. 그러나 제대로 치려면 기초부터 정확한 자세를 익히고 스텝이나 치는 방법 등을 배워야 훨씬 더 재미있게 칠 수 있습니다.

운동과 마찬가지로 순종의 성품도 훈련과 연습이 필요합니다(디모데전서 4:8). '다른 사람의 지시에 잘 따르면 되겠지'라고 막연하게 생각하면 안 됩니다.

우리는 순종의 태도를 익히기 위해 몇 가지 사항을 기억해야 합니다.

첫째, 내가 누구에게 순종해야 하는지 아는 것이 굉장히 중요합니다.

둘째, 순종의 대상을 알았으면 지시한 것들을 바르게 순종합니다.

셋째, 긍정적인 태도로 기쁘게 순종합니다.

넷째, 지시한 것들을 완벽하게 수행합니다.

다섯째, 불평하거나 짜증 내지 않습니다. 여섯째, 순종의 법칙인 'YES 법칙'을 사용합니다.

'YES 법칙'은 다음과 같습니다. 어른들이 말하면 아이들이 즉각적으로 "Yes!" 하고 대답하는 것입니다. 이것은 순종의 대상에게 즉시 "네! 네!"라고 대답할 수 있도록 훈련하는 것입니다. 이렇게 우선 "Yes"를 했으면, 그다음은 "Earnest", 곧 진지하게 생각해 보고, "Suggest", 창의적인 제안을 하는 것입니다.

자녀들에게 순종의 태도를 가르칠 때 가장 힘든 것은, '그 지시가 마음에 맞지 않고 내 생각과 다를 때 또는 지시한 사람보다 더 좋은 생각을 하고 있을 때 어떻게 말할까?' 하는 부분입니다. 이것을 가르치는 것이 갈등을 해결하는 아주 중요한 열쇠가 됩니다.

좋은 성품은 "나를 보호하고 있는 사람들의 지시에 좋은 태도로 기쁘게 따르는 것(좋은나무성품학교 정의)"입니다. 이것이 바로 순종의 성품입니다.

순종의 성품을 소유한 사람은 **나를 보호하고 있는 사람들이 누구인지 압니다.** 순종을 가르칠 때는 순종해야 할 대상을 분명하게 가르쳐야 합니다. 아무에게나 기쁘게 순종해서는 안 됩니다. 혹은 내 마음속의 말에 모두 순종해도 안 됩니다. 나를 보호하고 있는 사람이 누구인지 분명히 알려 주어야 합니다. 나를 보호하고 있는 사람들의 지시에 좋은 태도로 기쁘게 따르는 것이 결국은 행복한 유익을 가져온다는 원리를 가르치는 것도 매우 중요합니다. 자신이 속한 환경 가운데 약속과 질서를 깨닫고 순종하는 태도는 훗날 자신의 인생을 받아들이고 평화롭게 살아가는 데 필요한 것입니다.

이제, 국제화 시대에 부끄럽지 않은 세계인으로 다음 세대를 기르기 위해 자녀 양육의 패러다임을 바꾸어야 할 때입니다. 귀한 자녀일수록 자녀가 하고 싶은 대로 내버려 두는 것이 아니라, 좋은 성품으로 자녀의 생각과 감정, 행동을 변화시켜 나가는 '성품 이노베이션'을 시작해야 합니다.

자신을 보호하고 있는 사람들의 지시에 즉시 "YES!" 하는 법을 가르치십시오. 그리고 문제 해결을 위해서도 'YES 법칙'을 가르쳐야 합니다. 성품 좋은 사람은 인간관계의 갈등을 잘 해결하는 능력이 있습니다. 자신의 의견과 다를 때 어떻게 그 갈등을 해결할 수 있는지 창의적인 문제 해결방법을 가르치십시오.


**성품 브리지|Character bridge** 🌰

1 내가 생각하는 순종의 태도에는 어떤 것들이 있습니까?

2 권위자와 생각이 다를 때, YES 법칙을 통해 친밀한 관계를 유지하면서도 서로 다른 생각을 존중하여 갈등을 해결하는 지혜의 성품을 연습해 보세요.


**기도**

주님, 다음 세대에게 순종의 태도를 잘 가르칠 수 있도록 지혜를 주세요.

# 자녀들아 부모에게 순종하라

에베소서 6:1~3

1 자녀들아 주 안에서 너희 부모에게 순종하라 이것이 옳으니라 2 네 아버지와 어머니를 공경하라 이것은 약속이 있는 첫 계명이니 3 이로써 네가 잘되고 땅에서 장수하리라

골로새서 3:20

자녀들아 모든 일에 부모에게 순종하라 이는 주 안에서 기쁘게 하는 것이니라

**자녀들이 부모에게 순종하는 것은 축복의 통로**

자녀가 부모에게 순종하는 것은 부모의 인격을 고려하기 이전에 부모라는 위치에 권위가 있기 때문입니다. 부모는 자녀에게 순종의 대상이라는 것입니다. 왜냐하면 이것이 옳은 일이기 때문입니다(에베소서 6:1).

**자녀들이 부모에게 어떻게 순종할 수 있을까요?**

첫째, 부모님께 순종하는 것이 하나님의 뜻이라는 것을 인식해야 합

니다(에베소서 6:1) "주 안에서 순종하라"는 것은 부모님이 주님의 뜻에 합당한 지시나 요구를 하는 경우에만 순종하라는 것이 아니라, '부모님께 순종하는 것이 주 안에 있다'라는 증거의 의미입니다. 그리스도인으로서 자녀 된 자들은 부모님께 순종하는 것으로 하나님의 뜻에 순종하고 있다는 것을 알아야 합니다.

둘째, 부모님의 말씀에 경청해야 합니다. 부모님의 말씀은 귀찮은 잔소리가 아니라, 귀담아들어야 할 보배로운 말씀입니다. 경청함으로 부모님이 자녀로부터 존경과 배려를 받는다는 기분이 들어야 합니다.

순종의 뜻은 **"아래에서 듣는다"**라는 의미가 있습니다. 자녀는 부모님의 말씀을 들을 때 겸손하게 존경의 태도를 보여야 합니다.

셋째, 부모님께 존경과 경의를 표해야 합니다. 부모님은 자녀에게 존경받을 만한 충분한 가치가 있는 분들입니다. 자녀를 세상에 태어나게 하기 위해 사랑과 희생의 대가를 감당하셨기 때문입니다.

넷째, 모든 일에 부모님과 상의하여 그분들의 말씀을 존중해야 합니다. 부모님의 지혜와 경험은 자녀로서는 커다란 자산이며 보물입니다. 이를 잘 활용할 줄 아는 사람이 부모님께 순종하는 자녀입니다. 삶의 문제와 어려움이 있을 때 부모님과 상의하고 지혜를 구하십시오.

다섯째, 부모님께 순종한다는 의미로 연로하신 부모님께는 경제적인 필요를 채워 주십시오. 오늘의 내가 있기까지 물질과 마음으로 우리의 필요를 채워주신 부모님께 이제는 자녀 된 자들이 역할을 바꿔 부모님의 경제적인 필요를 채워드려야 합니다.

자녀 된 자로서 부모님께 순종하는 것은 상대적인 것이 아닙니다. 이는 절대적이며, 결코 바뀔 수 없는 진리입니다. 부모님께 불순종하고 존경하지 않는 것은 부모님에게만 잘못하는 것이 아니라, 하나님께도 잘못을 범하는 것입니다.

성품 브리지|Character bridge 🐾

1 부모님께 순종하는 태도 중에서 개선해야 할 것은 무엇입니까?

2 나의 어떤 태도를 부모님이 기뻐하시겠습니까?

기도

주님, 부모님을 존경하고 순종하며 섬기는 자가 될 수 있도록 도와주세요.

# 순종함으로 훌륭한 학자가 된 퇴계 이황

잠언 23:12

**훈계에 착심하며 지식의 말씀에 귀를 기울이라**

퇴계 이황은 경북 안동에서 태어났습니다. 양반 가문에서 태어나 어린 시절부터 글을 배우고 읽으며 자랐지만, 집안이 넉넉한 편은 아니었습니다. 더구나 이황의 아버지는 이황이 태어난 지 7개월 만에 돌아가셨기 때문에 그의 어머니는 농사와 길쌈 등으로 8명의 자녀를 돌보아야 했습니다.

이황의 어머니는 혼자 힘으로 어려운 생활을 하면서도 자식들의 교육에 정성을 쏟는 분이었습니다. 이황의 어머니는 이황에게 자주 이런 말씀을 들려주었습니다.

"글을 열심히 외우고 짓는 것에만 힘쓸 것이 아니란다. 사람은 몸가짐과 행동을 성실하게 해야 한단다. 사람들은 과부의 자식들에 대해 가정교육이 부족하여 버릇이 없다고 비난하는 법이니 다른 사람들보다 백배 이상 노력해서 예의 바른 사람이 되어라."

그래서 이황은 어머니의 말씀처럼 아침 일찍 일어나 세수하고 머리를 단정하게 빗고 나서 문밖에서 전날 배운 것을 외워본 다음에 서당에 들어갔습니다.

이렇게 노력하며 공부한 덕분에 이황의 학문은 날로 깊어졌고, 관직에도 오를 수 있었습니다. 그러나 고위 관직에 오르지 말라는 어머니의 부탁대로 아주 높은 벼슬에는 일부러 오르지 않았습니다.

어머니의 말씀에 순종한 이황은 학문에 더욱더 매진하였고, 우리나라의 성리학을 발전시킨 훌륭한 학자로 거듭났습니다. 그토록 나라에서 많은 인정을 받은 그였지만 언제나 어린 후배들의 말에 귀를 기울였고, 제자들을 존중하여 자신의 학문에 잘못된 점이 없는지 돌아보고 고치는 데 주저함이 없었습니다.

이황은 자신을 보호하고 있는 어머니의 지시에 **좋은 태도로 기쁘게 따르는 순종의 성품**으로 5백 년이 지난 지금도 학문과 성품에 존경을 받고 있습니다.

성품 브리지|Character bridge 🐾

1 부모님의 말씀에, 또는 나를 보호하고 있는 사람들의 말에 순종하기 위해 필요한 성품에는 어떤 것이 있다고 생각합니까?

기도

주님, 나를 보호하고 있는 사람들의 훈계와 지시에 귀를 기울이게 하시고, 기쁨으로 순종하도록 도와주세요.

# 육체의 상전에게 순종하기를

에베소서 6:5~8

5 종들아 두려워하고 떨며 성실한 마음으로 육체의 상전에게 순종하기를 그리스도께 하듯 하라 6 눈가림만 하여 사람을 기쁘게 하는 자처럼 하지 말고 그리스도의 종들처럼 마음으로 하나님의 뜻을 행하고 7 기쁜 마음으로 섬기기를 주께 하듯 하고 사람들에게 하듯 하지 말라 8 이는 각 사람이 무슨 선을 행하든지 종이나 자유인이나 주께로부터 그대로 받을 줄을 앎이라

디도서 2:9~10

9 종들은 자기 상전들에게 범사에 순종하여 기쁘게 하고 거슬러 말하지 말며 10 훔치지 말고 오히려 모든 참된 신실성을 나타내게 하라 이는 범사에 우리 구주 하나님의 교훈을 빛나게 하려 함이라

직장의 상사에게 순종하는 것이 승진의 비결입니다.

직장의 상사는 하루아침에 된 것이 아닙니다. 인생의 가장 중요한 시기에 회사를 위해 헌신한 사람입니다. 직장의 상사를 기쁘게 하는 것은

부하 된 직원의 도리이기도 하지만, 하나님을 기쁘게 하는 것과 같은 차원이라고 성경은 말합니다(에베소서 6:7).

그리스도인으로서 직장의 상사에게 어떻게 순종할 수 있을까요?

첫째, 예수 그리스도를 대하듯 직장의 상사를 대하십시오. 즉 직장 상사들의 수고, 노력, 지위를 인정해야 합니다. 상사의 권위를 인정하여 겸손히 그들의 지시와 말씀에 순종해야 합니다. 직장 상사의 인격이나 성품보다는 그분의 지위와 권위 때문에 순종해야 합니다.

둘째, 상사들이 볼 때만 순종하는 것이 아니라 늘 성실한 마음으로 상사의 지시에 기쁜 마음으로 순종하십시오. 눈도장을 찍기 위해 일하는 것이 아니라, 상사가 보든지 보지 않든지 상관없이 성실하게 일해야 합니다.

셋째, 상사의 지시나 말씀을 긍정적인 태도로 수용해야 합니다. 일단 상사의 지시를 긍정적으로 수용하여 순종하고, 그 과정에서 개선할 점이나 수정해야 할 것이 생기면 창의적인 제안을 통해 상사의 동의를 구해야 합니다. 상사의 마음을 기쁘게 하는 것이 직장 생활을 통해 평안을 유지할 수 있는 비결입니다.

넷째, 직장의 일을 할 때 자신의 유익이나 성취보다는 상사를 비롯한 직장의 유익과 성취를 위해 일해야 합니다. 직장과 상사의 유익을 위해 일하는 것이 궁극적으로 나의 유익을 위하는 것이기 때문입니다.

요셉은 애굽에 종으로 팔려가서 보디발의 집, 감옥 또는 왕궁에서 각기 다른 신분으로 생활했지만, 한결같이 상사(보디발, 전옥, 바로)를 성공시키는 일에 전념했습니다. 그것이 요셉이 성공한 비결이었던 것입니다.

직장의 상사를 섬기는 것은 **마치 하나님을 섬기는 것과 같다고 했습니다.** 지금까지 직장 상사에 대해 어떤 생각이나 태도를 보였는지 진단해 보십시오. 나로 인해 직장 상사가 얼마나 행복했고 기뻐했는지를 진지하게 생각해 보십시오. 나로 인해 직장의 상사가 행복하다면 나는 성공적인 직장생활을 하는 것입니다. 일과 중에 직장에서 보내는 시간이 가장 많은데, 상사와 관계가 원만하지 않으면 내 삶이 행복하다고 말할 수 없을 것입니다. 직장의 상사에게 순종하여 직장생활을 더욱더 풍요롭게 만들기 바랍니다.

성품 브리지|Character bridge 🐾

1 직장 상사에게 취한 당신의 태도는 어떠했습니까?

2 직장 상사에게 순종하면 어떤 유익이 있습니까?

기도

주님, 제게 허락하신 상사와 행복한 관계를 맺을 수 있도록 도와주세요.

# 순종 연습

시편 25:14

여호와의 친밀하심이 그를 경외하는 자들에게 있음이여 그의 언약을 그들에게 보이시리로다


하나님의 말씀에 순종하기 위해서는 무엇보다 하나님과의 친밀한 교제가 있어야 합니다. 하나님 아버지와 친밀한 관계를 유지할 때 그의 뜻을 구할 수 있고 순종할 수 있게 되는 것입니다.

하나님 아버지의 말씀에 순종하는 방법이 있습니다. 기쁘게 순종하기 위해서는 다음과 같은 훈계의 단계를 반복적으로 거쳐야 합니다.

1단계 순종에 관한 성경 말씀을 찾습니다.

순종에 관한 성경 말씀을 찾아서 성경공부를 하듯이 관련된 장을 펴서 읽습니다. 세상의 모든 만물을 지으신 하나님께서 순종하라고 말씀하셨다는 것을 알면 우리의 마음에도 변화가 일어납니다.

2단계 불순종과 순종의 정의에 대해 알아봅니다.

"순종이란 나를 보호하고 있는 사람들의 지시에 좋은 태도로 기쁘게

따르는 것"(좋은나무성품학교 정의)입니다. 이것은 하나님을 기쁘게 해드리고 많은 사람에게 사랑을 받게 되는 축복의 길이라는 것을 기억해야 합니다. 또한 불순종이란 자기 고집으로 마음대로 하는 것입니다.

3단계 스스로 자신의 불순종에 대해 반성하며 기도합니다.

"만일 우리가 우리 죄를 자백하면 미쁘시고 의로우사 우리 죄를 사하시며 우리를 모든 불의에서 깨끗하게 하실 것이요"(요한일서 1:9) 우리는 불순종에 대해 하나님께 용서받을 수 있습니다. 그러나 "하나님의 명령이니 무조건 따라야 해"라고 강요해서는 안 됩니다. 믿음 생활을 하는 사람들을 보면, 똑같이 교회를 다녀도 믿음의 색깔이 조금씩 다른 것을 알 수 있습니다. 이것은 모든 사람에게 부모님이 계시지만 부모님에 대해 어떤 경험을 했는지에 따라서 부모님의 이미지가 달라지는 것과 같은 원리입니다. 이처럼 우리가 **하나님을 어떻게 경험하느냐에 따라 각자 다른 하나님의 이미지를 가지게 됩니다.**

부모가 하나님에 대해 "너 그렇게 하면 지옥 가"라고 하거나 "너 그렇게 하면 하나님께 벌 받아"라는 말로 위협하면 정작 하나님의 도움이 필요할 때 두려워서 하나님 앞으로 나아가지 못합니다. 왜냐하면 마음속에 하나님에 대한 부정적인 이미지가 형성되었기 때문입니다.

자녀들을 가르칠 때 모든 부모는 내가 바로 '하나님의 이미지'라는 것을 명심하고 자녀 앞에 서야 합니다. 아이들은 눈에 보이는 부모들을 통해 보이지 않는 하나님을 이해하기 때문입니다.

4단계 불순종하여 서로 마음이 상했던 사람과 다시 올바른 관계를 맺습니다.

"예물을 제단 앞에 두고 먼저 가서 형제와 화목하고 그 후에 와서 예물을 드리라"(마태복음 5:24) 만약 아이가 형이나 언니에게 불순종했다면 상대에게 가서 "미안해"라고 용서를 구할 수 있도록 격려하십시오. 그리고 자녀가 부모의 요구에 즉각적인 순종을 했을 때는 감사의 말을 표현해 주는 것이 좋습니다. 예를 들면 "엄마 말대로 해 주어서 참 기쁘구나", "엄마가 시킨 대로 행동해 주니 정말 좋구나", "순종해 주어서 고맙다" 등의 말을 자주 사용하십시오. 칭찬은 아주 좋은 보상입니다.

### 성품 브리지|Character bridge 🎐

1 지금보다 더 하나님과 가까워지는 방법은 무엇입니까? 또한 하나님과의 교제를 방해하는 것들을 무엇인지 생각해 보세요.

2 순종하면 어떤 유익이 있을지 생각해 보세요.

### 기도

주님, 주님과의 교제를 방해하는 세상의 유혹을 뿌리치고, 주님을 향해 나아가도록 인도해 주세요.

# 저들 가운데 너희로 감독자를 삼고

사도행전 20:17~31

17 바울이 밀레도에서 사람을 에베소로 보내어 교회 장로들을 청하니 18 오매 그들에게 말하되 아시아에 들어온 첫날부터 지금까지 내가 항상 여러분 가운데서 어떻게 행하였는지를 여러분도 아는 바니 19 곧 모든 겸손과 눈물이며 유대인의 간계로 말미암아 당한 시험을 참고 주를 섬긴 것과 20 유익한 것은 무엇이든지 공중 앞에서나 각 집에서나 거리낌이 없이 여러분에게 전하여 가르치고 21 유대인과 헬라인들에게 하나님께 대한 회개와 우리 주 예수 그리스도께 대한 믿음을 증언한 것이라 22 보라 이제 나는 성령에 매여 예루살렘으로 가는데 거기서 무슨 일을 당하는지 알지 못하노라 23 오직 성령이 각 성에서 내게 증언하여 결박과 환난이 나를 기다린다 하시나 24 내가 달려갈 길과 주 예수께 받은 사명 곧 하나님의 은혜의 복음을 증언하는 일을 마치려 함에는 나의 생명조차 조금도 귀한 것으로 여기지 아니하노라 25 보라 내가 여러분 중에 왕래하며 하나님의 나라를 전파하였으나 이제는 여러분이 다 내 얼굴을 다시 보지 못할 줄 아노라 26 그러므로 오늘 여러분에게 증언하거니와 모든 사람의 피에 대하여 내가 깨끗하니 27 이는 내가 꺼리지 않고 하

나님의 뜻을 다 여러분에게 전하였음이라 28 여러분은 자기를 위하여 또는 온 양 떼를 위하여 삼가라 성령이 그들 가운데 여러분을 감독자로 삼고 하나님이 자기 피로 사신 교회를 보살피게 하셨느니라 29 내가 떠난 후에 사나운 이리가 여러분에게 들어와서 그 양 떼를 아끼지 아니하며 30 또한 여러분 중에서도 제자들을 끌어 자기를 따르게 하려고 어그러진 말을 하는 사람들이 일어날 줄을 내가 아노라 31 그러므로 여러분이 일깨어 내가 삼 년이나 밤낮 쉬지 않고 눈물로 각 사람을 훈계하던 것을 기억하라

**하나님은 영적 지도자에게 교회를 맡기셨습니다**

영적 지도자는 자신을 희생하면서까지 성도들의 신앙 성장과 유익을 위해 헌신하는 분들입니다(19~20절). 이런 영적 지도자의 헌신과 사랑이 있었기에 성도들이 믿음 안에서 잘 성장하고 있는 것입니다. 영적 지도자는 하나님의 복음을 증거하기 위해 자신의 생명을 조금도 귀한 것으로 여기지 않는 분들입니다(24절). 영적 지도자는 성도들이 거짓 교훈으로부터 보호되도록 밤낮 눈물로 기도하고, 이런 분들의 말씀과 기도, 사랑과 헌신이 있었기에 성도들이 신앙의 공동체 안에서 안전하게 교제할 수 있는 것입니다.

**성도 된 자로서 영적 지도자들에게 어떻게 순종할 수 있을까요?**

첫째, 그들을 하나님께서 교회의 감독자로 세우셨다는 것을 기억해야 합니다. 하나님께서 하나님의 교회를 책임지고 목회하도록 그분들에게 귀한 역할을 부여하셨다는 것을 명심해야 합니다. 즉 영적 지도자에 대

한 권위는 하나님으로부터 왔으며 그분들에게 순종하는 것은 마치 하나님께 순종하는 것과 같음을 의미합니다.

둘째, 영적 지도자가 성도를 위해 겸손과 눈물로 섬긴 사랑의 수고를 생각하며 그분들을 사랑으로 섬기고 존귀하게 여겨야 합니다. 영적 지도자에 대한 존경이 사라지면 하나님 말씀에 대한 감격과 열정도 사라집니다. 우리의 영적 갈급함의 해소를 위해서라도 하나님의 말씀을 공급하는 영적 지도자를 존귀하게 여겨야 합니다.

셋째, 겸손의 모범을 보인 영적 지도자에게 성도들도 마땅히 겸손해야 합니다. 겸손이란 하나님 앞에서 부족한 피조물임을 자각하고 누구에게서든지 배우려고 하는 마음입니다. 하나님께서 세우신 영적 지도자 앞에서 겸손히 배우려는 자세는 성도들의 영적 축복을 위해 꼭 지녀야 할 태도입니다.

넷째, 영적 지도자의 가르침과 교훈을 삶에 적용해야 합니다. 하나님의 교회는 배움을 통해 바람직하게 성장합니다. 한 걸음 더 나아가 배운 말씀과 교훈을 실천하고 삶에 적용할 때 열매가 맺히게 되는 것입니다. 배운 말씀을 충성스럽게 감당하는 것이 성도의 마땅한 도리입니다.

.

성품 브리지|Character bridge 🌸

1 영적 지도자에게 순종하는 데 있어 방해되는 요인이 있다면 무엇입니까?

2 영적 지도자에게 순종하기 위해 개선할 점이 있다면 무엇입니까?

**기도**

교회를 위해 하나님께서 세우신 영적 지도자에게 겸손히 배우고 순종하도록 도와

주세요.

 인간이 할 수 있는 모든 선은 순종 속에 포함되어 있다
_밀

삶。32일

# 순종은 위험에서 나를 보호해 줍니다

이사야 31:5

새가 날개 치며 그 새끼를 보호함 같이 나 만군의 여호와가 예루살렘을 보호
할 것이라. 그것을 호위하며 건지며 뛰어넘어 구원하리라 하셨느니라

　중앙아프리카의 작은 마을에서 있었던 일입니다. 바람 한 점 없는 무
더운 날 필립이라는 어린 소년이 커다란 나무 밑에서 놀고 있었습니다.
그때, 갑자기 필립을 부르는 아버지의 목소리가 들렸습니다.

　"필립! 아빠가 시키는 대로 배를 땅바닥에 대고 엎드려라."

　필립은 아버지의 지시에 즉시 순종하며 따랐지요. 아버지는 계속해서
필립에게 지시를 내렸습니다.

　"필립! 아빠 쪽으로 빨리 기어오너라. 최대한 속력을 내서 말이야."

　필립은 이유를 알 수 없었지만, 아버지의 말씀에 따라 손과 발을 최대
한으로 움직여 아버지에게로 기어갔습니다. 아버지가 서 있는 곳에 거
의 다다르자 아버지는 또다시 지시를 내렸습니다.

　"좋아, 필립! 이제 일어서서 빨리 뛰어오너라."

필립은 아버지의 말에 "네!" 하고 큰소리로 대답하며 아버지를 향해 전속력으로 달려갔습니다. 필립과 만난 아버지는 안도의 한숨을 쉬며 필립의 귀에 대고 조용히 속삭였습니다.

"필립, 뒤를 돌아 나무를 한 번 쳐다 보렴."

필립은 아버지의 말씀대로 뒤를 돌아 나무를 쳐다보았습니다. 뒤를 돌아본 순간 필립은 깜짝 놀라고 말았습니다. 자신이 기대고 있던 나무 위에 큰 독사가 혀를 날름거리며 매달려 있었기 때문입니다. 필립은 너무나 무서워 아무 말도 하지 못하고 아버지의 품에 꼭 안겼습니다. 아버지 또한 놀란 아들을 꼭 안아주며 말했습니다.

"필립, 네가 아버지의 지시에 잘 따랐기 때문에 목숨을 구할 수 있었단다. 아버지의 말에 순종해줘서 고맙다."

순종이란 필립처럼 나를 보호하고 있는 사람들의 지시에 좋은 태도로 기쁘게 따르는 것(좋은나무성품학교 정의)입니다. 새가 날개 치며 그 새끼를 보호하듯 우리를 지으신 하나님이 우리를 보호하고 구원하기 위해 우리에게 요구하시는 것이 바로 순종의 태도입니다.

순종의 열매는 축복입니다. 순종하는 사람은 위험한 적으로부터 목숨까지도 보호받을 수 있습니다.

잊지 마십시오. 하나님께서 **우리에게 순종을 가르쳐 주기를 원하시는 이유**는, 바로 우리를 향한 하나님 아버지의 사랑 때문이라는 사실을 말입니다.

**성품 브리지**|Character bridge 🦋

1  순종의 성품을 우리에게 가르쳐 주시는 것이, 하나님의 깊은 사랑의 표현임을 묵상해
   보십시오.

**기도**

주님, 나를 향한 아버지 하나님의 큰 사랑을 더 많이 깨닫게 하시고 주님의 사랑에
좋은 태도로 순종하게 해 주세요.

# 위에 있는 권세들에게 굴복하라

로마서 13:1~7

1 각 사람은 위에 있는 권세들에게 복종하라 권세는 하나님으로부터 나지 않음이 없나니 모든 권세는 다 하나님께서 정하신 바라 2 그러므로 권세를 거스르는 자는 하나님의 명을 거스름이니 거스르는 자들은 심판을 자취하리라 3 다스리는 자들은 선한 일에 대하여 두려움이 되지 않고 악한 일에 대하여 되나니 네가 권세를 두려워하지 아니하려느냐 선을 행하라 그리하면 그에게 칭찬을 받으리라 4 그는 하나님의 사역자가 되어 네게 선을 베푸는 자니라 그러나 네가 악을 행하거든 두려워하라 그가 공연히 칼을 가지지 아니하였으니 곧 하나님의 사역자가 되어 악을 행하는 자에게 진노하심을 따라 보응하는 자니라 5 그러므로 복종하지 아니할 수 없으니 진노 때문에 할 것이 아니라 양심을 따라 할 것이라 6 너희가 조세를 바치는 것도 이로 말미암음이라 그들이 하나님의 일꾼이 되어 바로 이 일에 항상 힘쓰느니라 7 모든 자에게 줄 것을 주되 조세를 받을 자에게 조세를 바치고 관세를 받을 자에게 관세를 바치고 두려워할 자를 두려워하며 존경할 자를 존경하라

## 사회와 국가의 권위(정치 지도자)에 순종하세요

2016년 사회통합 실태조사에 의하면 우리나라 국민들의 국회에 대한 신뢰도는 4점 만점에 1.7점, 중앙정부부처는 4점 만점에 2.0점으로 큰 신뢰를 보이지 않는 것으로 나타났습니다. 이 수치로 보면 사회와 국가의 권위에 대한 국민들의 신뢰와 존경이 매우 낮다는 것을 알 수 있습니다. 이런 상황에서 그리스도인들에게 사회 지도층 인사에 대한 존경을 표한다거나 그들이 발표한 정책과 요청에 대해 기쁜 마음으로 순종할 것인가 하는 문제는 보통 어려운 사안이 아닙니다.

우리는 사회와 국가의 권위에 대한 순종에 대해 성경에서 그 교훈을 찾아야 합니다.

성경은 **세상의 권위는 하나님께서 부여하셨다**고 말씀합니다(1절). 이것이 그리스도인이 세상의 권위에 순종하고 따라야 하는 첫 번째 이유입니다. 세상의 권위에 대항하고 거역하는 것은 하나님을 거역하는 것과 같다고 말씀합니다. 세상의 권위에 순종해야 하는 또 다른 이유는 세상의 질서를 지키는 것이 나를 보호하는 일이기 때문입니다.

그리스도인들은 어떻게 세상의 권위(정치 지도자)에 순종할 수 있을까요?

첫째, 아무리 내가 바른 신앙을 가지고 있다 하더라도 세상의 권위가 잘못되어 정치가 파탄 나면 우리의 신앙생활도 어려움을 겪게 됩니다. 따라서 신앙인은 정치 지도자를 위해 중보 기도에 힘써야 합니다.

둘째, 부모 된 자들은 자녀 앞에서 국가와 사회의 지도층에 대해 부정적인 말을 삼가야 합니다. 세상의 권위에 대해 부정적인 말을 들은 자녀는 국가와 사회 지도층에 대해 부정적인 생각을 가질 수밖에 없습니다. 덕이 되고 은혜가 되는 말을 하도록 노력하십시오.

셋째, 국민의 한 사람으로서 세금을 정직하게 내야 합니다. 국민의 도리와 의무를 다한 후에, 세상의 권위가 바람직하게 정치를 하지 못하면 정당한 권리를 사용하여 권위를 바꾸도록 하는 것입니다. 일단 권위로 인정되고 세워졌으면 그들에게 순종하고 그들을 존경하는 것이 국민 된 그리스도인의 책임입니다.

성품 브리지|Character bridge 🍇

1 오늘 당신이 정부의 정책이나 방침에 대해 순종하기 어려운 것이 있다면 무엇입니까?
2 순종하기 어려운 정부의 정책에 대해 당신은 어떤 태도를 가져야 합니까?

기도

주님, 국가의 지도자와 세워진 법이 내 생각과 다르더라도 하나님의 말씀에 순종하며 국민의 의무를 다하도록 도와주세요.

# 남편이 부당하다고 느껴질 때,
# 아내가 험한 그릇처럼 느껴질 때

베드로전서 3:1

아내들아 이와 같이 자기 남편에게 순종하라. 이는 혹 말씀을 순종하지 않는 자라도 말로 말미암지 않고 그 아내의 행실로 구원을 받게 하려 함이니.

베드로전서 3:7

남편들아 이와 같이 지식을 따라 너희 아내와 동거하고 그를 더 연약한 그릇이요 또 생명의 은혜를 함께 이어받을 자로 알아 귀히 여기라. 이는 너희 기도가 막히지 아니하게 하려 함이라.

어느 날, 작은 말 한마디가 우리 부부의 마음을 상하게 하는 일이 일어났습니다.

그 일로 남편과 말 없는 냉전을 며칠째 지속하고 있었습니다. 분명히 내 생각에는 남편이 실수했고 잘못한 것이라는 확신이 들어, 이번에는 내가 먼저 절대로 말하지 않기로 다짐을 했습니다. 하지만 이런 냉전 상태는 비밀로 지켜지지 않나 봅니다. 이제는 큰애도 알고 알 만한 사람은 다 알게 되어버렸습니다. 너무 망신이라는 생각이 들었지만, 사실 남편과 말하지 않고 상관없는 사람처럼 살려고 하니 마음이 자꾸만 무거워집니다. 마음 한구석이 허전하고 우울합니다.

허무하게 느껴지는 매일의 삶이 계속됩니다. 큰 원수가 된 것도 아닌데, 자기 아내에게 무슨 원한이 그리도 큰지 입을 꾹 다물고 나름 잘 지내고 있는 남편이 섭섭하고 야속한 생각마저 듭니다. 그냥 본인이 먼저 사과하면 봄눈 녹듯이 사르르 다 풀릴 텐데… 내일이면 일주일이 넘어갑니다. 괴로운 마음으로 주님 앞에 서서 주님의 음성을 기다립니다. 그런데 뜻밖에도 주님은 "네가 100번 잘했어도 남편에게 복종하지 않은 것은 가장 큰 잘못이란다" 이렇게 말씀하시는 것이 아니겠습니까? 주님이 나에게만 억울하게 하시는 것 같아 눈물이 났지만, 가만히 그분의 위로와 평강을 마음 가득 담아봅니다. 그분의 질서가 그렇게 원하신다면, 그 말씀이 맞다고 생각하고 내려놓으니 커다란 자유가 내 안에 밀려옵니다.

등을 돌리고 자는 남편의 등을 꼭 부둥켜안고 방금 들었던 주님의 마음을 그대로 전해 봅니다. "여보, 내가 백번 잘했어도 당신께 순종하지 않은 태도는 가장 큰 잘못이래요. 미안해요." 순간 그 한마디가 우리에게 얼마나 큰 평강의 자유를 선물로 주었는지 모릅니다. 거역에는 속박이 있고 순종에는 자유가 있음을 체험할 수 있었지요.

성경은 오늘도 질서대로 사는 삶 속에 진정한 자유가 있다고 가르칩니다. "진리를 알지니 진리가 너희를 자유롭게 하리라"(요한복음 8:32)라고 강조합니다. 여성이 남성과 동등한 권리를 주장하고 있는 현실에서,

더군다나 각 분야에서 여성이 우위를 차지하는 일이 빈번해진 오늘의 세상살이에서도, 이 말씀은 여전히 진리입니다.

**하나님은 가정을 만드시고 어떤 질서를 원하셨을까요?** 바로 '머리와 목의 질서'입니다. 아내는 남편을 머리로 여기고 그 권위에 순종하는 것이 진리입니다. 남편은 아내를 목으로 여기면서 행복하게 해주고 빛나게 해줌으로 자신의 존재가치를 높여야 합니다.

밖에서 아무리 반짝반짝 빛나는 남편이라도 목인 그 아내가 수심 가득한 얼굴로 주름져 있으면 남편의 가치는 떨어져 보이기 마련입니다.

아내가 험한 그릇처럼 강해 보일 때, 그때가 바로 주님의 마음을 회복해야 할 때입니다. 주님께 복종하지 않고 예수를 죽이라고 외치는 험한 파도처럼 출렁일 그때도 포기하지 않고 묵묵히 사랑을 실천하신, 교회를 향한 예수님의 십자가 사랑을 말입니다.

남편은 주님이 교회를 사랑하시듯 그렇게 아내를 사랑해야 합니다. 복종의 태도가 안 보이는 험한 그릇 같은 그때에도 포근한 사랑으로 아내를 사랑해 주어야 합니다. 사랑을 받으면 아무리 강한 사람도 부드러워집니다. 아내를 자신보다 더 연약한 그릇으로 알고 사랑해 주는 것이 바로 생명의 유업을 함께 이을 자로 여기는 귀한 태도입니다.

성품 브리지|Character bridge 🍀

1  결혼 생활에서 적용해야 할 진리에 대해서 묵상해 봅시다.

2  그 진리가 결혼 생활에 자유와 활력을 주는 이유를 생각해 봅시다.

기도

주님, 결혼 생활을 통해 훈련하기를 원하시는 주님의 놀라운 비밀을 매일 더 가까이 터득하게 해주세요.

 겸손히 순종하는 자에게는 언젠가 지휘권이 주어질 가치가 있다
_마르쿠스 툴리우스 키케로

# 이에 여호와의 말씀을 따라갔고

**창세기 12:1~5**

1 여호와께서 아브람에게 이르시되 너는 너의 고향과 친척과 아버지의 집을 떠나 내가 네게 보여 줄 땅으로 가라 2 내가 너로 큰 민족을 이루고 네게 복을 주어 네 이름을 창대하게 하리니 너는 복이 될지라 3 너를 축복하는 자에게는 내가 복을 내리고 너를 저주하는 자에게는 내가 저주 하리니 땅의 모든 족속이 너로 말미암아 복을 얻을 것이라 하신지라 4 이에 아브람이 여호와의 말씀을 따라갔고 롯도 그와 함께 갔으며 아브람이 하란을 떠날 때에 칠십오 세였더라 5 아브람이 그의 아내 사래와 조카 롯과 하란에서 모은 모든 소유와 얻은 사람들을 이끌고 가나안 땅으로 가려고 떠나서 마침내 가나안 땅에 들어갔더라

### 아브라함은 순종하기 쉬웠을까?

어느 날 하나님은 아브람에게 아주 익숙한 일상인 고향, 친척, 아버지의 집을 떠나 새롭고, 낯선 곳으로 가라고 지시하셨습니다. 결코 순종하기 쉬운 명령이 아닙니다. 아브라함의 나이가 나그네 인생을 하기에는

너무 늦었고, 새로운 곳으로 간다는 것은 황당한 일이었으며, 상당한 불편을 감수해야 했습니다. 하지만 아브라함은 일단 순종했습니다. 성경은 '이에 아브람이 여호와의 말씀을 따라갔다'(창세기 12:4)고 말합니다.

하나님의 말씀 그대로 순종하는 것이 참 쉽지 않았습니다. 그래서 그는 하나님 말씀에 순종하여 떠나지만, 아비와 조카 롯과 함께 그의 고향을 떠납니다. 또한 하나님께서 지시하시는 그 땅에 들어가기까지 중간에 하란에서 어느 정도 머물기도 합니다. 아마도 아버지 때문이었을 것입니다.

갈대아 우르에서 하란까지는 그런대로 편안했지만 하란에서 하나님이 지시하시는 가나안까지는 쉽지 않은 여정이었습니다. 아브람은 하란에서 아버지가 돌아가시자 비로소 하란을 떠나 마침내 하나님이 지시하시는 가나안 땅에 들어가게 됩니다. 그때 그의 나이가 75세였습니다. 순종하기에 너무 늦은 나이는 없답니다.

### 순종함으로 복의 근원이 된 사람

하나님의 말씀에 완벽하게 순종하는 삶은 참 쉽지 않은 일입니다. 과정을 볼 때 불완전하고 넘어지기도 하지만 결국에는 순종하는 것이 복이라는 것을 깨닫고 돌아오는 것을 많은 신앙인의 삶에서 볼 수 있습니다. 아브라함이 그랬던 것처럼 말입니다. 숱한 실패와 고통을 겪고 순종의 의미를 깨닫는 것도 좋지만 처음부터 순종하면 얼마나 좋았을까요?

아브라함은 마침내 순종하여 가나안에 들어갔고 복의 근원이 되었습니다. 아브라함은 순종의 성품으로 다른 사람의 모델이 되어 함께 복을 누릴 수 있는 통로가 된, 성품 좋은 지도자였습니다.

"내가 너로 큰 민족을 이루고 네게 복을 주어 네 이름을 창대하게 하리니 너는 복이 될지라"(창세기 12:2) 하나님의 지시에 순종한 아브람에게 하나님은 이런 상을 주겠다고 약속하셨고 아브라함이 하나님께서 약속하신 복을 받은 것을 우리도 확인할 수 있습니다.

**순종한 사람은 큰 민족을 얻게 됩니다.** 복을 받는 영향력 있는 지도자가 됩니다. 이름이 창대하게 되는 복을 받습니다. 즉 하나님의 이름으로 성공하는 인생이 되는 것입니다.

### 성품 브리지 Character bridge

1 오늘 아브라함의 순종에서 당신은 어떤 것을 배웠습니까?
2 여러분은 어떤 자리를 떠나라는 주님의 음성을 듣고 있습니까? 불순종의 자리, 불평과 불만의 자리를 떠나라는 주님의 명령에 어떻게 반응하겠습니까?

### 기도

주님, 아브라함처럼 하나님의 말씀에 순종하여 순종의 축복을 누리도록 도와주세요.

# 순종의 삶 속에 하나님의 풍성함이 있습니다

시편 23:1~3

1 여호와는 나의 목자시니 내게 부족함이 없으리로다 2 그가 나를 푸른 풀밭에 누이시며 쉴 만한 물가로 인도하시는도다 3 내 영혼을 소생시키고 자기 이름을 위하여 의의 길로 인도하시는도다

자녀를 양육하면서 하나님의 마음을 절감하는 순간들이 있습니다. 어린아이일수록 선악에 대해, 이로움과 해로움에 대해 무지한 것이 사실이지요. 손에 쥐고 있는 사탕을 주면 사탕 10개를 살 수 있는 돈을 주겠다며 아무리 유혹해도 소용없습니다. 자기가 갖고 싶은 것, 하고 싶은 것을 꼭 이뤄야만 직성이 풀리지요.

그런데 어린아이처럼 고집을 부리는 것은 어쩌면 어른이 되어서도 고쳐지지 않는 사람의 본성인지도 모릅니다.

우리는 내 눈에 좋은 것이 가장 최고의 것인 양 하나님께 떼쓰며 구하는 경우가 많습니다. 그리고 어느 때는 더 좋은 것을 주시려는 하나님의 섭리를 기다리지 못하고, 지금 내가 원하는 바로 '그것'을 안 주신다며

원망하기도 합니다.

"너희 중에 아버지 된 자로서 누가 아들이 생선을 달라 하는데 생선 대신에 뱀을 주며 알을 달라 하는데 전갈을 주겠느냐"(누가복음 11:11, 12) 순종은 바로 눈앞의 어려움을 내려놓고 하나님의 가장 탁월한 인도 하심에 나를 온전히 맡기는 것입니다. 좋은나무성품학교의 수빈이 어머니 이야기를 소개해 봅니다.

지난 제헌절에 가족들이 모두 외할머니댁을 방문했습니다. 모처럼 외가 식구들이 한자리에 모일 수 있었지요. 그런데 수빈이가 하필이면 장염 증상이 있어서 할머니, 할아버지가 정성껏 준비한 맛있는 음식들을 그저 바라볼 수밖에 없었습니다. 수빈이가 아프다는 것을 눈치채지 못한 다른 조카들은 수빈이 앞에 자꾸 군침이 도는 음식들을 펼쳐 놓았습니다. 먹고 싶어서 어쩔 줄 몰라 하는 수빈이에게 왜 지금은 먹을 수 없는지를 이야기해 주었습니다. 건강하기 위해 엄마 말에 기쁜 마음으로 순종해야 한다는 것을 계속 말해 주었지요.

먹을 것을 좋아하는 수빈이가 엄마의 말에 경청하면서 좋은 태도로 순간순간을 기쁘게 이해하는 모습을 보니, 엄마인 제 눈에도 참 대견하고 기특했습니다. 그리고 그날의 칭찬 주인공은 바로 수빈이의 몫이었습니다. 엄마의 말에 투정 부리지 않고 즉시 순종하는 모습을 보여준 수빈이에게 할아버지와 할머니, 친척들은 모두 칭찬을 아끼지 않았습니다. 그리고 집에 돌아와 건강해진 수빈이를 위해 다음날 온 가족이 함께 맛있는 외식을 즐길 수 있었습니다.

**하나님은 우리가 축복을 누리길 원하십니다.** 지금 나에게 가장 좋은 것이 무엇인지 누구보다도 잘 알고 계십니다. 눈앞의 상황에 집중하다 보면 쉽게 약해지는 것이 우리입니다. "그들이 말씀을 순종하지 아니하므로 넘어지나니"(베드로전서 2:8) 그러나 하나님의 인도하심에 순종할 때, 가장 좋은 길을 달려갈 수 있습니다.

"여호와는 나의 목자시니 내게 부족함이 없으리로다 그가 나를 푸른 풀밭에 누이시며 쉴 만한 물가로 인도하시는도다 내 영혼을 소생시키시고 자기 이름을 위하여 의의 길로 인도하시는도다"(시편 23:1-3) 오늘 나를 인도해 주시는 분은 부족함이 없으신 분입니다. 가장 좋은 곳으로 나를 인도하시고, 가장 아름다운 축복을 허락하시며, 가장 선한 것을 이루시는 분입니다.

내가 생각한 것보다 더욱 큰일을 행하시는 하나님을 바라봅시다. 푸른 풀밭과 쉴만한 물가는 내 힘으로 찾아갈 수 없습니다. 순종이 이끄는 삶 속에 하나님의 푸르름이 있습니다.

### 성품 브리지ㅣCharacter bridge 🌿

1 하나님이 나를 인도하고 계신다는 것에 대해 어떤 느낌이 듭니까?
2 하나님께 순종했을 때 내가 기대했던 것보다 더 큰 축복을 받은 일들을 고백해 보세요.

### 기도

주님, 오늘 하루를 살면서 인간의 좋은 것에 집착하지 않고 하나님께서 이끄시는 풍성함에 순종하고 집중하도록 도와주세요.

말씀。37일

# 다윗이 아침에 일찍 일어나서

사무엘상 17:12~21

12 다윗은 유다 베들레헴 에브랏 사람 이새라 하는 사람의 아들이었는데 이새는 사울 당시 사람 중에 나이가 많아 늙은 사람으로서 여덟 아들이 있는 중 13 그 장성한 세 아들은 사울을 따라 싸움에 나갔으니 싸움에 나간 세 아들의 이름은 장자 엘리압이요 그 다음은 아비나답이요 셋째는 삼마며 14 다윗은 막내라 장성한 세 사람은 사울을 따랐고 15 다윗은 사울에게로 왕래하며 베들레헴에서 그의 아버지의 양을 칠 때에 16 그 블레셋 사람이 사십 일을 조석으로 나와서 몸을 나타내었더라 17 이새가 그의 아들 다윗에게 이르되 지금 네 형들을 위하여 이 볶은 곡식 한 에바와 이 떡 열 덩이를 가지고 진영으로 속히 가서 네 형들에게 주고 18 이 치즈 열 덩이를 가져다가 그들의 천부장에게 주고 네 형들의 안부를 살피고 증표를 가져오라 19 그 때에 사울과 그들과 이스라엘 모든 사람들은 엘라 골짜기에서 블레셋 사람들과 싸우는 중이더라 20 다윗이 아침에 일찍이 일어나서 양을 양 지키는 자에게 맡기고 이새가 명령한 대로 가지고 가서 진영에 이른즉 마침 군대가 전장에 나와서 싸우려고 고함치며, 21 이스라엘과 블레셋 사람들이 전열을 벌이고 양군

이 서로 대치하였더라

### 아버지의 위험한 지시

전쟁이 나서 싸움터에 나간 세 형들을 돌아보고 오라는 아버지 이새의 지시가 막내아들인 다윗에게 떨어졌습니다(17,18절). 10대 후반의 다윗에게는 감당하기 어려운 지시가 아닐 수 없습니다. 베들레헴에 사는 다윗에게 진을 치고 있는 엘라 골짜기까지 다녀오라고 아버지가 지시하신 것입니다(19절). 더구나 언제 죽을지 알 수 없는 전쟁터로 말입니다. 그것도 빈손으로 빨리 다녀오라는 것도 아니고 형들에게 줄 곡식과 떡뿐만 아니라 형들을 잘 돌봐 달라는 청탁으로 보이는 치즈 덩어리까지 들고 갔다 오라는 것입니다. 얼마나 황당한 지시입니까? 그리고 얼마나 불공평한 지시입니까? 만약 당신이라면 금방이라도 "아버지는 형들만 중요하고 나는 아무것도 아니라고 생각하세요? 어떻게 그렇게 위험하고 무모한 명령을 할 수 있지요?"라고 항의하고 싶어지지 않습니까?

그런데 정작 다윗에게 불평하거나 억울해하는 모습은 찾아볼 수 없습니다. 오히려 "아침에 일찍이 일어나서…"(20절) 아버지의 지시에 즉시 순종합니다. 더욱이 새롭게 받은 지시를 수행하겠다는 핑계로 먼저 지시를 받아서 해 오던 일을 던져버리고 떠나는 것이 아니라, 자신이 돌보던 양들을 다른 사람에게 잘 위탁하고 새로운 지시를 따라갔습니다. 다윗이 매일매일 일상생활에서 자신이 해야 할 일들을 순종하는 마음으로 수행한 자세가 바로 왕이 될 것을 준비하는 시간이 되었습니다. "이새가 명령한 대로 가지고 가서…"(20절) 완벽하게 순종하는 다윗의 성품이 바로 미래의 왕이 되도록 준비하는 길이 되었던 것입니다.

실제로 다윗은 아버지의 명령에 순종했던 이 전쟁터에서 사울 왕을 만나게 되었고 이스라엘의 2대 왕이 될 수 있었습니다. **순종하는 사람이 왕이 됩니다.**

"성실하게 행하는 자는 구원을 받을 것이나 굽은 길로 행하는 자는 곧 넘어지리라"(잠언 28:18)

지금 억울하다고 불평하지 않고 나를 보호하고 있는 사람들에게 순종하는 성품이, 성공을 이루는 지름길이 됩니다.

### 성품 브리지|Character bridge

1 지금 나에게 다윗처럼 황당하고 무모하다고 생각되는 지시들이 있어서 생각하면 할수록 부담이 되고 스트레스가 되는 것은 무엇입니까?

2 지금 순종하는 그 일들이 나에게 어떤 축복을 가져다줄지 기대하며 글로 감사를 표현해 봅시다.

### 기도

주님, 저도 다윗처럼 작은 일부터 순종하는 사람이 될 수 있도록 인도해 주세요.

# 왕의 지시에 순종함으로 좋은 음악을 만든 '바흐'

잠언 22:29

네가 자기의 일에 능숙한 사람을 보았느냐 이러한 사람은 왕 앞에 설 것이요 천한 자 앞에 서지 아니하리라

요한 제바스티안 바흐는 독일에서 태어난 작곡가로 아름다운 곡을 많이 작곡한 사람입니다. 훗날 사람들은 바흐를 '음악의 아버지'라고 부르며 그를 존경하고 사랑했습니다.

바흐는 어려서부터 음악을 좋아했습니다. 온 가족이 음악을 사랑했기 때문에 자연스럽게 음악을 가까이하는 가정환경에서 자랄 수 있었습니다. 그러나 막내인 바흐에게는 음악을 제대로 배울 기회가 주어지지 않았습니다. 바흐는 아버지가 바이올린을 연습할 때 옆에서 혼자 음악을 익혀나갔습니다. 또한 형들이 쳄발로를 연습할 때, 그 모습을 옆에서 보며 혼자 음악을 배웠습니다.

바흐가 아홉 살이 되던 해에 사랑하는 부모님이 돌아가시고 말았습니다. 할 수 없이 바흐는 정든 집을 떠나 가난한 학생들을 받아주는 기숙

사 학교가 있는 도시로 갔습니다. 다행히 입학시험에 합격해 음악학교에 들어간 바흐는 가난했지만, 열심히 음악을 사랑하고 공부했습니다. 성실하게 자기에게 주어진 환경들을 사랑하면서 음악공부에 매진하여 드디어 바이올리니스트, 오케스트라 지휘자, 오르가니스트가 되어 세계 여러 나라를 돌아다니며 연주하게 되었습니다.

어느 날, 독일의 프리드리히 황제가 바흐를 초대했습니다. 왕은 바흐에게 이렇게 말했습니다.

"내가 짧은 선율을 줄 테니 이 선율을 듣고 푸가로 바꾸어 즉흥 연주를 해 보거라."

바흐는 왕의 명령에 즉시 순종하여 기쁜 태도로 왕 앞에서 멋지게 즉흥 연주를 했습니다. 듣고 있던 사람들은 모두 바흐의 실력에 놀라지 않을 수 없었습니다.

"바흐, 대단하구나. 이제 고향으로 돌아가 이 선율을 갖고 더 멋진 곡으로 완성해 보아라."

"네, 왕이시여. 즉시 고향으로 돌아가 왕을 위해 멋진 곡을 만들겠습니다."

바흐는 새로운 곡을 만드는 일이 무척 어려웠지만, 왕의 명령에 좋은 태도로 기쁘게 따르며 순종했습니다. 이렇게 왕의 지시에 순종하며 만들어진 곡이 바로 그 유명한 '음악의 헌정'입니다. 사람들은 짧은 선율로 이토록 훌륭한 곡을 만든 바흐에게 아낌없는 찬사와 놀라움을 표했습니다.

성경은 "네가 자기의 일에 능숙한 사람을 보았느냐 이러한 사람은 왕 앞에 설 것이요 천한 자 앞에 서지 아니하리라"(잠언 22:29)라고 가르칩니다.

가난 속의 어려운 가정환경을 한탄만 하지 않고 자신의 권위 앞에 순종하는 모습으로 열심히 음악을 만든 바흐처럼, 오늘 우리 앞에 놓인 **나의 사명에 성실하게 순종하는 태도**가 우리를 귀중한 사람으로 만듭니다.

## 성품 브리지|Character bridge 🐾

1 내게 있는 환경이 너무 힘들다고 한탄만 하고, 그 속에 담긴 하나님의 뜻에 불순종했던 일은 없었는지 이야기해 보세요.

2 내 생각으로 불가능한 것 같아서 시도해 보지 않고 포기한 것이 있다면 무엇입니까?

## 기도

주님, 제게 힘을 주셔서 성실함과 순종으로 하나님께서 기뻐하시는 인생을 살도록 인도해 주세요.

말씀。 39일

# 어머니의 말씀대로 다 행하리이다

**룻기 1장~4장**

〈1장〉16 룻이 이르되 내게 어머니를 떠나며 어머니를 따르지 말고 돌아가라 강권하지 마옵소서 어머니께서 가시는 곳에 나도 가고 어머니께서 머무시는 곳에서 나도 머물겠나이다 어머니의 백성이 나의 백성이 되고 어머니의 하나님이 나의 하나님이 되시리니 17 어머니께서 죽으시는 곳에서 나도 죽어 거기 묻힐 것이라 만일 내가 죽는 일 외에 어머니를 떠나면 여호와께서 내게 벌을 내리시고 더 내리시기를 원하나이다 하는지라 〈2장〉1 나오미의 남편 엘리멜렉의 친족으로 유력한 자가 있으니 그의 이름은 보아스더라 2 모압 여인 룻이 나오미에게 이르되 원하건대 내가 밭으로 가서 내가 누구에게 은혜를 입으면 그를 따라서 이삭을 줍겠나이다 하니 나오미가 그에게 이르되 내 딸아 갈지어다 하매 3 룻이 가서 베는 자를 따라 밭에서 이삭을 줍는데 우연히 엘리멜렉의 친족 보아스에게 속한 밭에 이르렀더라 〈3장〉1 룻의 시어머니 나오미가 그에게 이르되 내 딸아 내가 너를 위하여 안식할 곳을 구하여 너를 복되게 하여야 하지 않겠느냐 5 룻이 시어머니에게 이르되 어머니의 말씀대로 내가 다 행하리이다 하니라 6 그가 타작 마당으로 내려가서 시어머니의 명령대로 다 하니라 <4장> 13 이에 보아스가 룻을 맞이하여 아내로 삼고 그에게 들어갔더니 여호와께서 그에게 임신하게 하시므로 그가 아들을 낳은지라 14 여인들이 나오미에게 이르되 찬송할지로다 여호와께서 오늘 네게 기업 무를 자가 없게 하지 아니하셨도다 이 아이의 이름이 이스라엘 중에 유명하게 되기를 원하노라 15 이는 네 생명의 회복자이며 네 노년의 봉양자라 곧 너를 사랑하며 일곱 아들보다 귀한 네 며느리가 낳은 자로다 하니라 16 나오미가 아기를 받아 품에 품고 그의 양육자가 되니

### 개인과 가정을 회복시킨 순종의 모험

룻의 삶은 모험 그 자체였습니다. 모압 여인이 이스라엘 남편과 결혼한 것이 바로 첫 번째 모험입니다. 남편이 죽고 시어머니를 따라 남편의 고향으로 돌아간 것이 그 모험의 두 번째입니다. 또한 시어머니의 지시를 따라 먹을 것을 거두러 다른 사람의 밭에서 일한 것도 모험이었습니다. 그리고 나오미의 지시를 따라 보아스의 장막에 들어간 것도 큰 모험이었습니다. 어떤 조롱과 배척이 있을지 모르지만, 하나님과 시어머니에 대한 사랑과 순종으로 인해 룻은 모험을 할 수 있었습니다.

룻의 순종에 따른 모험은 기대 이상의 결과를 가져왔습니다. 넉넉한 이삭을 주울 수 있도록 관대한 사람 보아스를 만나고, 보아스를 자신의 기업 무를 자(남편이 죽으면 대신 남편의 후사를 이을 수 있는 형제나 친척)로 만납니다. 보아스가 룻의 기업 무를 자를 자처하고 이를 관철합니다. 그리고 마침내 룻을 통해 아들을 낳고, 나오미는 그 아들을 키우게 됩니다. 나오미의 인생은 며느리 룻을 통해 고통의 삶에서 다시 감격과 기쁨의

삶으로 회복됩니다. 룻 한 사람의 순종이 철저하게 부서진 한 가정을 영광의 가정으로 탈바꿈시켜 놓은 것입니다.

**순종은 자기희생과 모험을 요구합니다.** 희생이나 모험 없이 순종한다는 것은 피상적인 순종에 불과합니다. 희생과 모험이 없는 순종의 열매도 내용이 없는 무의미한 결과입니다. 순종의 삶을 결단하려면 희생과 모험을 각오해야 합니다. 한 가정의 명암은 한 사람의 순종에 의해 좌우됩니다.

성품 브리지|Character bridge

1 오늘 가정과 직장에서 당신에게 요구하는 순종은 무엇인가요?

2 가정을 위해 또는 직장에서 희생하며 순종한 경험이 있습니까? 어떤 결과가 있었습니까?

기도

주님, 저의 순종으로 말미암아 저와 우리 가족이 다시 세워지도록 인도해 주세요.

# 순종의 모델이 되는 부모의 역할

베드로전서 3:1

아내들아 이와 같이 자기 남편에게 순종하라 이는 혹 말씀을 순종하지 않는 자라도 말로 말미암지 않고 그 아내의 행실로 말미암아 구원을 받게 하려 함 이니

아이들에게 순종을 가르치면, 순종은 아이들이 온갖 해로운 환경으로 부터 유혹을 뿌리칠 수 있도록 보호해 줍니다. 부모의 현명한 지시를 통해 자녀들은 지혜를 배우고 더 큰 리더로 성장할 수 있습니다.

아이들이 순종을 잘하는 것도 중요하지만 순종하도록 가르치는 방법 역시 매우 중요합니다. 순종을 가르칠 때는 모델링이 필요하기 때문에 부모는 자녀의 좋은 모델이 되어야 합니다. 부모가 어떻게 순종의 모델 이 될 수 있을까요? 바로 엄마가 아빠의 권위에 순종하는 것에서부터 자 녀들의 순종이 시작됩니다. 혹시 남자와 여자는 동등하게 만들어졌는데 어떻게 그런 말을 할 수 있느냐고 반문할 수도 있겠지만, 하나님은 분명

히 이렇게 말씀하셨습니다.

"아내들아 이와 같이 자기 남편에게 순종하라"(베드로전서 3:1)

하나님 앞에서 존재 가치로 보았을 때 남편과 아내 모두 동등하고 귀하지만, 하나님이 주신 역할에서 남편과 아내는 다르게 부르심을 받았습니다. 그 역할의 다름에 대해 분명한 순종을 하는 것, 그 모델을 아이들 앞에 보여 주는 것은 매우 중요한 일입니다. 아빠가 "여보, 우리 ~~ 하지?"라고 제안할 때 아이들 앞에서 "아유, 당신은 그걸 말이라고 하세요?"라고 대답하게 되면, 가정에서 아빠는 설 자리가 없어집니다. 그 모습을 본 아이들은 엄마 또한 무시하게 됩니다. 권위 앞에 순종하는 모습을 보여줄 때 아이들도 순종의 성품을 알게 됩니다.

아이들이 순종의 태도를 보일 때, **순종의 성품을 칭찬하는 것도 중요합니다.**

"네가 엄마 말을 즉시 순종해 주어서 무척 고맙구나. 엄마가 이 닦고 자라고 했던 말을 그대로 기쁘게 들어주고 즉시 행동에 옮겨 주어서 정말 기특하다!"

아이가 순종할 때마다 이렇게 칭찬으로 격려해 주어야 합니다. 예의 바르게 창조적 제안을 하는 방법을 알려 주는 것도 부모의 몫임을 잊지 마세요.

성품 브리지Character bridge 🍇

1 순종의 모델로서 나는 나의 배우자에게 순종하고 있는지 점검해 보세요.

2 부모로서 자녀에게 순종을 가르칠 때 어떻게 칭찬하고 있습니까?

기도

주님, 자녀에게 순종의 성품을 칭찬할 수 있도록 지혜를 주세요. 또한 순종의 모습
으로 본이 되도록 저를 변화시켜 주세요.

말씀. 41일

# 여호와께서 기드온에게 이르시되

사사기 7:1~9

1 여룹바알이라 하는 기드온과 그를 따르는 모든 백성이 일찍이 일어나 하롯 샘 곁에 진을 쳤고 미디안의 진영은 그들의 북쪽이요 모레 산 앞 골짜기에 있었더라 2 여호와께서 기드온에게 이르시되 너를 따르는 백성이 너무 많은즉 내가 그들의 손에 미디안 사람을 넘겨 주지 아니하리니 이는 이스라엘이 나를 거슬러 스스로 자랑하기를 내 손이 나를 구원하였다 할까 함이니라 3 이제 너는 백성의 귀에 외쳐 이르기를 누구든지 두려워 떠는 자는 길르앗 산을 떠나 돌아가라 하라 하시니 이에 돌아간 백성이 이만 이천 명이요 남은 자가 만 명이었더라 4 여호와께서 또 기드온에게 이르시되 백성이 아직도 많으니 그들을 인도하여 물 가로 내려가라 거기서 내가 너를 위하여 그들을 시험하리라 내가 누구를 가리켜 네게 이르기를 이 사람이 너와 함께 가리라 하면 그는 너와 함께 갈 것이요 내가 누구를 가리켜 네게 이르기를 이 사람은 너와 함께 가지 말 것이니라 하면 그는 가지 말 것이니라 하신지라 5 이에 백성을 인도하여 물가에 내려가매 여호와께서 기드온에게 이르시되 누구든지 개가 핥는 것 같이 혀로 물을 핥는 자들을 너는 따로 세우고 또 누구든지 무릎을

꿇고 마시는 자들도 그와 같이 하라 하시더니 6 손으로 움켜 입에 대고 핥는 자의 수는 삼백 명이요 그 외의 백성은 다 무릎을 꿇고 물을 마신지라 7 여호와께서 기드온에게 이르시되 내가 이 물을 핥아 먹은 삼백 명으로 너희를 구원하며 미디안을 네 손에 넘겨 주리니 남은 백성은 각각 자기의 처소로 돌아갈 것이니라 하시니 8 이에 백성이 양식과 나팔을 손에 든지라 기드온이 이스라엘 모든 백성을 각각 그의 장막으로 돌려보내고 그 삼백 명은 머물게 하니라 미디안 진영은 그 아래 골짜기 가운데에 있었더라 9 그 밤에 여호와께서 기드온에게 이르시되 일어나 진영으로 내려가라 내가 그것을 네 손에 넘겨 주었느니라

### 이길 수 없는 전쟁

전쟁의 승패는 군수 물자와 훈련된 군인의 수가 좌우하는 것이 상식입니다.

이스라엘과 미디안*아말렉 연합군과의 전쟁에서 미디안*아말렉 연합군의 수는 13만 5천 명(사사기 8:10)이었고, 이스라엘 진영의 군인 수는 3만 2천 명에 불과했습니다. 숫자로만 계산해도 이스라엘이 전쟁에서 이긴다는 것은 거의 불가능한 상황이었고, 더군다나 이스라엘군은 전략이나 전술 면에서도 이렇다 할 내용이 없었습니다. 그런데 하나님은 기드온을 택하시고, 오직 손으로 물을 떠서 먹는 300명만을 전쟁에 투입하라고 말씀하십니다.

### 상식을 뛰어넘는 순종으로 승리한 사람

하나님은 때로 우리의 상식으로는 이해할 수 없는 명령을 하십니다.

이성의 한계를 벗어난 하나님의 명령과 지시에, 그리스도인이 어떻게 응답하느냐에 따라 우리는 하나님이 일하시는 결과를 보게 됩니다.

기드온은 하나님이 지시하신 대로 순종했습니다. 이해도 안 되고 도저히 받아들일 수 없을 것 같은 지시였지만, 하나님의 지시이기에 그대로 순종했습니다. 그리고 순종의 결과 300명으로 13만 5천의 미디안과 아말렉을 무찌른 대승을 거두었습니다.

감당하기 어려운 문제와 어려움 앞에서 하나님의 음성을 들으십시오. 때로는 상식적으로 이해하기 어렵더라도 하나님이 말씀하시는 대로 믿고 그대로 순종하십시오.

하나님은 때때로 상식으로는 이해할 수 없는 방법을 명령하기도 하십니다. 그러나 **그 명령에는 하나님의 뜻이 있습니다.** 바로 하나님이 일하시겠다는 것입니다. 내 상식과 지혜를 넘어 일하시는 하나님을 바라보고 순종합시다.

**성품 브리지|Character bridge** 🌿

1 상식적으로 이해하기 어려운 하나님의 지시와 명령을 받은 경험이 있나요?

2 오늘 하나님이 당신에게 지시하신, 이해하기 어려운 명령에 대해 당신은 어떻게 반응하겠습니까?

**기도**

주님, 기드온처럼 내 상식과 한계를 벗어난 하나님의 명령에도 온전히 순종하게 도와주세요.

# 공동체 안에서 순종의 축복을 누리십시오

로마서 5:19

한 사람이 순종하지 아니함으로 많은 사람이 죄인 된 것 같이 한 사람이 순종하심으로 많은 사람이 의인이 되리라

오늘날 공동체에서 우리가 꼭 배워야 할 성품은 무엇입니까? 많은 성품의 덕목들이 있겠지만 특히 중요한 한 가지를 꼽으라면 저는 '순종'의 성품을 말하고 싶습니다. 순종이란 나를 보호하고 있는 사람들의 지시에 좋은 태도로 기쁘게 따르는 것(좋은나무성품학교 정의)입니다.

"한 사람이 순종하지 아니함으로 많은 사람이 죄인 된 것 같이"(로마서 5:19) 인류의 불행은 순종하지 않음으로 시작되었습니다. 순종의 반대말은 불순종 즉 자기 고집입니다. 우리의 보호자 되시는 하나님의 말씀을 온전히 신뢰하지 않고, 내 고집대로 한 것이 우리를 죄의 길로 행하게 했습니다. 그 결과 교만과 의심에서 비롯된 불순종은 하나님과 사람과의 관계를 단절시켰습니다.

"그들이 그날 바람이 불 때 동산에 거니시는 여호와 하나님의 소리를

듣고 아담과 그의 아내가 여호와 하나님의 낯을 피하여 동산 나무 사이에 숨은지라(창세기 3:8)" 그리고 하나님과 깨어짐을 경험한 인간은 서로를 향해 더는 축복의 약속을 누리지 못하게 되었습니다. "이는 내 뼈 중의 뼈요 살 중의 살이라(창세기 2:23)"고 고백했던 첫사랑을 잃어버린 것입니다. 순종하지 않음으로 시작된 죄악이 우리의 삶을 모든 축복으로부터 가로 막았습니다.

그레고리 맥도날드(Gregory McDonald)가 "순종은 모든 축복으로 들어가는 문의 열쇠"라고 말했습니다. 하나님께서 일하시는 방법은 지식의 높고 낮음이나, 인물의 아름다움, 명예와 부의 소유 여부가 아닙니다. 하나님은 순종하는 자를 세워 일하시고, 순종하는 공동체를 높이십니다.

**우리는 공동체를 통해 '순종의 축복'을 깨닫고 가르쳐야 합니다.** 순종은 올바른 관계를 맺게 하고, 사랑으로 교제할 수 있게 하며, 공동체를 아름답게 연합하게 하는 힘이 있습니다. 관계성과 교제, 공동체성. 이것이 바로 하나님 형상의 본질이지요. 하나님은 이 목적을 이루기 위해 인간을 창조하신 것입니다.

이스라엘 나라의 회복을 부른 왕들의 시대에는 다음과 같은 결단이 공통으로 이루어졌습니다.

"왕이 자기 처소에 서서 여호와 앞에서 언약을 세우되 마음을 다하고 목숨을 다하여 여호와를 순종하고 그의 계명과 법도와 율례를 지켜 이 책에 기록된 언약의 말씀을 이루리라 하고 예루살렘과 베냐민에 있는 자들이 다 여기에 참여하게 하매 예루살렘 주민이 하나님 곧 그의 조상들의 하나님의 언약을 따르니라"(역대하 34:31-32) 하나님 앞에서 공동체가 함께 순종을 결단하는 것을 시작으로, 개인의 삶이 회복되고 공동체가 되살아나며 국가가 복을 받는 길에 들어서게 된 것입니다. 순종의 성품으로 공동체를 세우십시오. 하나님의 역사하심을 모두 함께 보게 될 것입니다.

성품 브리지|Character bridge

1 오늘 내가 순종하지 않음으로 공동체에 어떤 영향을 끼치게 되는지 생각해 보세요.
2 공동체를 통해 하나님께서 어떤 순종의 모습을 보길 원하실까요?

기도

주님, 순종의 성품으로 하나님께 나아가고, 함께 하는 가정과 교회, 직장 공동체 안에서 화평을 누리게 도와주세요.

# 엘리야의 말대로 하였더니

열왕기상 17:8~16

8 여호와의 말씀이 엘리야에게 임하여 이르시되 9 너는 일어나 시돈에 속한 사르밧으로 가서 거기 머물라 내가 그 곳 과부에게 명령하여 네게 음식을 주게 하였느니라 10 그가 일어나 사르밧으로 가서 성문에 이를 때에 한 과부가 그 곳에서 나뭇가지를 줍는지라 이에 불러 이르되 청하건대 그릇에 물을 조금 가져다가 내가 마시게 하라 11 그가 가지러 갈 때에 엘리야가 그를 불러 이르되 청하건대 네 손의 떡 한 조각을 내게로 가져오라 12 그가 이르되 당신의 하나님 여호와께서 살아 계심을 두고 맹세하노니 나는 떡이 없고 다만 통에 가루 한 움큼과 병에 기름 조금 뿐이라 내가 나뭇가지 둘을 주워다가 나와 내 아들을 위하여 음식을 만들어 먹고 그 후에는 죽으리라 13 엘리야가 그에게 이르되 두려워하지 말고 가서 네 말대로 하려니와 먼저 그것으로 나를 위하여 작은 떡 한 개를 만들어 내게로 가져오고 그 후에 너와 네 아들을 위하여 만들라 14 이스라엘의 하나님 여호와의 말씀이 나 여호와가 비를 지면에 내리는 날까지 그 통의 가루가 떨어지지 아니하고 그 병의 기름이 없어지지 아니하리라 하셨느니라 15 그가 가서 엘리야의 말대로 하였더니 그와 엘리야

와 그의 식구가 여러 날 먹었으나 16 여호와께서 엘리야를 통하여 하신 말씀 같이 통의 가루가 떨어지지 아니하고 병의 기름이 없어지지 아니하니라

## 순종의 섬김으로 양식을 공급받은 사르밧 성 과부

흉년 때문에 가진 음식이 불과 하루 이틀이면 없어져 버릴 상황에서 어느 행인이 하나님의 사람이라면서 당신의 남아 있는 양식을 달라고 하면 어떻게 하시겠습니까? 사르밧 성 과부의 순종은 결코 쉬운 순종이 아니었습니다. 때로 하나님께서는 극한 상황과 환경에서 삶을 포기하는 수준의 순종을 요구하십니다. 또한 마지막 가지고 있는 것까지도 포기하라는 절망스러운 요청도 하십니다. 이러한 하나님의 요청에 누가 순종하겠습니까?

하나님의 요청에는 약속이 있습니다. 상식으로는 이해하기 어려운 약속입니다. "환경적으로 이미 불가능한데 순종한다고 해서 얼마나 변화가 있겠어요?"라고 불순종할 수도 있습니다. 눈에 보이는 현실에 집착한 나머지, 결과가 눈에 보이도록 확인되지 않으면 순종하기를 꺼리는 것이 인간의 본성입니다. 인간의 이성과 상식이 하나님의 전능하심을 제한하는 것입니다.

기억하십시오. 하나님은 환경을 초월하는 분이시고, 한번 약속하신 것은 반드시 실현하는 분이십니다. 사르밧 성 과부가 마지막 소유를 드리고 난 후에 약속하신 대로 채우셨습니다. 물론 순종하면서 약속을 기대했을 수도 있지만, 채워지지 않을 것이라고 포기했을 수도 있습니다. 그러나 하나님은 여인의 기대나 포기와는 상관없이, 하나님의 명령과

말씀에 순종한 자에게 약속을 이뤄 주셨습니다.

당신이 소유한 모든 것이 많든 적든 **다 하나님의 것임을 기억하십시오.** 당신의 소유를 하나님의 것으로 인정하십시오. 그리고 그분이 말씀하시는 대로 소유를 사용하십시오. 내 생각과 상식에 맞지 않아도 말입니다. 그것이 하나님의 모든 것을 누릴 수 있는 비결입니다.

어려운 환경 가운데, 가지고 있는 물질을 기꺼이 순종하여 드리는 것은 결코 쉬운 일이 아닙니다. 하지만 그 명령과 지시가 하나님의 말씀이라면 당신의 결단은 환경이나 상황에 의존해서는 안 됩니다. 당신을 통해 역사하시는 하나님 말씀에 의지해야 합니다.

성품 브리지|Character bridge 🍇

1 어려운 환경 가운데 물질 또는 시간으로 순종한 적이 있나요? 순종을 통해 어떤 결과가 있었나요?

2 갑작스럽게 닥친 어려운 환경에서도 순종하기 위해, 미리 준비해야 할 것은 무엇인가요?

기도

주님, 제게 주신 모든 소유가 하나님의 것임을 인정합니다. 주의 말씀대로 물질을 사용하게 도와주세요.

# 믿고 사랑하는 순종을 보여준 율곡 이이

**마가복음 12:30**

네 마음을 다하고 목숨을 다하고 뜻을 다하고 힘을 다하여 주 너의 하나님을 사랑하라 하신 것이요

율곡 이이 선생은 어릴 때부터 총명하기로 소문난 아이였습니다. 어린 나이에도 불구하고 과거 시험에 수석으로 합격했을 뿐 아니라, 평생 한 번도 하기 어렵다는 장원급제를 아홉 번이나 차지하는 기록을 세웠지요.

율곡 선생이 이렇게 자랄 수 있었던 것은 자신을 보호하고 있는 어머니 신사임당의 지시에 기쁜 마음으로 순종했기에 가능한 일이었습니다.

신사임당은 율곡 선생에게 어릴 때부터 현명한 지시를 가슴에 새겨주곤 했습니다. 부모를 섬기는 바른길, 형제간에 사이좋게 지내는 길, 친척 간에 화목하게 지내는 바른길, 일을 부지런히 하는 바른길, 남에게 해를 끼치지 않는 바른길, 친구 사귀는 바른길, 손님을 대접하는 바른길, 재물을 아껴 쓰는 바른길 등이 그것입니다.

효성이 지극한 율곡 선생은 어머니가 돌아가시자, 어머니의 무덤 옆에 움막을 짓고 삼 년 동안 그 곁을 지키며 슬퍼했는데, 그때 친구인 최립에게 이런 편지를 씁니다.

"어머니가 돌아가셔서 책을 쥐지도 못하고, 가까이하지 않은 지 3년이 지났습니다. 하루아침에 분발해서 가슴 속을 돌이켜보니 텅 비어서 아무것도 없는 느낌입니다. 사람이 재주가 있고 없는 것은 배우고 배우지 않은 데 달려 있지만, 사람이 어질고 어질지 못한 것은 내가 행동하느냐 하지 않느냐에 달려 있습니다. 참으로 스승의 가르침이 없으면 스스로 알고 스스로 깨우치기란 어렵습니다."

이렇듯 율곡 선생은 어머니가 돌아가신 후, 자신을 훌륭하게 보호해 주셨던 어머니의 부재를 슬퍼하며, 신사임당의 현명한 가르침을 늘 기억하고 순종했습니다. 그리하여 율곡 선생은 좋은 성품과 폭넓은 학식으로 많은 사람의 존경을 받는 학자이자 나라에 충성하는 큰 인물이 되었습니다.

현대에는 율곡 이이의 이런 면을 높이 평가하여 오천원권 지폐에 초상화를 넣고 순종의 성품과 훌륭한 업적을 본받고자 하고 있습니다. **순종은 율곡 선생처럼 나를 보호하고 있는 사람을 끝까지 믿고 사랑하는 것입니다.**

"네 마음을 다하고 목숨을 다하고 뜻을 다하고 힘을 다하여 주 너의 하나님을 사랑하라."(마가복음 12:30) 순종은 최고의 사랑 표현이자, 신뢰의 표현입니다. 믿고 사랑하는 마음이 순종을 가능하게 하고, 또한 순종할 때 비로소 믿음과 사랑이 더욱더 굳건해집니다. 순종을 통해 관계가 회복되는 것도 바로 이런 이유 때문입니다.

순종을 무기로 삼아 보십시오. 나를 보호하고 있는 사람들의 지시에 좋은 태도로 기쁘게 따르는 성품을 통해 하나님, 부모님, 선생님과의 관계는 물론 무너졌던 신뢰의 관계가 새로워지는 변화를 경험할 수 있습니다.

### 성품 브리지|Character bridge

1 나를 보호해 주시는 하나님과 나를 보호하고 있는 사람들을 온전히 사랑하고 있습니까?

2 오늘 만나는 순종의 대상에게 고백해 보십시오.

"○○○, 당신을 주님의 이름으로 신뢰합니다. 주님의 이름으로 사랑합니다."

### 기도

주님, 오늘 삶 가운데 주께 순종하듯 믿고 사랑하는 마음으로 다른 사람들을 섬기게 도와주세요.

# 요단강에 일곱 번 몸을 잠그니

열왕기하 5:1~14

1 아람 왕의 군대 장관 나아만은 그의 주인 앞에서 크고 존귀한 자니 이는 여호와께서 전에 그에게 아람을 구원하게 하셨음이라 그는 큰 용사이나 나병환자더라 2 전에 아람 사람이 떼를 지어 나가서 이스라엘 땅에서 어린 소녀 하나를 사로잡으매 그가 나아만의 아내에게 수종들더니 3 그의 여주인에게 이르되 우리 주인이 사마리아에 계신 선지자 앞에 계셨으면 좋겠나이다 그가 그 나병을 고치리이다 하는지라 4 나아만이 들어가서 그의 주인께 아뢰어 이르되 이스라엘 땅에서 온 소녀의 말이 이러이러하더이다 하니 5 아람 왕이 이르되 갈지어다 이제 내가 이스라엘 왕에게 글을 보내리라 하더라 나아만이 곧 떠날새 은 십 달란트와 금 육천 개와 의복 열 벌을 가지고 가서 6 이스라엘 왕에게 그 글을 전하니 일렀으되 내가 내 신하 나아만을 당신에게 보내오니 이 글이 당신에게 이르거든 당신은 그의 나병을 고쳐 주소서 하였더라 7 이스라엘 왕이 그 글을 읽고 자기 옷을 찢으며 이르되 내가 사람을 죽이고 살리는 하나님이냐 그가 어찌하여 사람을 내게로 보내 그의 나병을 고치라 하느냐 너희는 깊이 생각하고 저 왕이 틈을 타서 나와 더불어 시비하려 함인줄

알라 하니라 8 하나님의 사람 엘리사가 이스라엘 왕이 자기의 옷을 찢었다 함을 듣고 왕에게 보내 이르되 왕이 어찌하여 옷을 찢었나이까 그 사람을 내게로 오게 하소서 그가 이스라엘 중에 선지자가 있는 줄을 알리이다 하니라 9 나아만이 이에 말들과 병거들을 거느리고 이르러 엘리사의 집 문에 서니 10 엘리사가 사자를 그에게 보내 이르되 너는 가서 요단강에 몸을 일곱 번 씻으라 네 살이 회복되어 깨끗하리라 하는지라 11 나아만이 노하여 물러가며 이르되 내 생각에는 그가 내게로 나와 서서 그의 하나님 여호와의 이름을 부르고 그의 손을 그 부위 위에 흔들어 나병을 고칠까 하였도다 12 다메섹 강 아바나와 바르발은 이스라엘 모든 강물보다 낫지 아니하냐 내가 거기서 몸을 씻으면 깨끗하게 되지 아니하랴 하고 몸을 돌려 분노하여 떠나니 13 그의 종들이 나아와서 말하여 이르되 내 아버지여 선지자가 당신에게 큰 일을 행하라 말하였더면 행하지 아니하였으리이까 하물며 당신에게 이르기를 씻어 깨끗하게 하라 함이리이까 하니 14 나아만이 이에 내려가서 하나님의 사람의 말대로 요단강에 일곱 번 몸을 잠그니 그의 살이 어린 아이의 살 같이 회복되어 깨끗하게 되었더라

## 자존심을 버리고 순종하여 문둥병을 고침 받은 나아만 장군

순종은 진지한 경청으로부터 시작됩니다. 자신보다 낮은 지위에 속한 노예와 자신을 보필하고 있는 종에게 진지한 태도로 경청한 나아만은 이제껏 아무도 고치지 못한 문둥병을 치유 받을 수 있었습니다. 문제 해결은 자존심을 지키는 데 있는 것이 아니라, 자존심을 접고 낮은 자세로 경청하며 순종하는 성품에 있습니다. 순종할 때 자신이 원하는 것보다

훨씬 바람직한 결과를 얻게 되는 것입니다. 나아만 장군은 엘리사의 말에 자존심과 명예를 포기하고 순종했기 때문에 기적을 경험할 수 있었습니다. 하나님 앞에서 자존심과 명예를 버리지 못하는 것은 당신을 어려움과 고통 속에 머무르게 할 뿐입니다.

하나님 말씀에 순종하는 것은 결코 쉬운 일이 아닙니다. **내가 가진 선입견과 고정 관념은 하나님의 말씀에 불순종하도록 당신을 유혹합니다.** 이제 결단해야 합니다. 선입견과 고정 관념 때문에 고통스러운 상황을 유지할 것인지, 이해할 수 없더라도 하나님 말씀에 순종하여 고통 속에서 해방될 것인지 선택하세요. 하나님의 말씀에 순종하는 지혜로, 고정된 패러다임을 멀리 던져버려야 합니다.


성품 브리지|Character bridge 🍀

1 하나님께서 자존심과 명예를 접고 순종하라고 요청하시는 것은 무엇인가요?

2 순종에 대해 당신이 가진 고정 관념 또는 선입견에 대해 생각해 보고 적어보세요.


기도

주님, 나아만 장군처럼 주님 앞에서 자존심을 버리고 순종하게 해 주세요.

삶。46일

# 버릇없는 아이

잠언 1:3

지혜롭게, 공의롭게, 정의롭게, 정직하게 행할 일에 대하여 훈계를 받게 하며

하버드대학의 댄 킨들러 교수는 "가정교육이 경쟁에서 이기는 것을 가르치는 것으로 변질되고 있다"면서 성공을 강조하는 가정교육이 사회 예절의 붕괴를 초래하고 있다고 지적했습니다. 예전에는 대부분 부모가 자녀에게 바르게 행동하는 것을 가르쳤지만 이제는 올바른 것보다는 남보다 잘하고 뛰어나도록 요구하는 경향이 늘고 있다는 것이 아동 심리학자들의 분석입니다.

또한 직장에서 격무에 시달리는 부모의 무관심과 자녀에 대한 지나친 기대, 그리고 하나, 둘밖에 없는 자녀에 대한 과잉보호 현상과 경쟁이 아이들의 버릇없는 행동을 부추기고 있으며, 아이들 개개인의 스트레스와 피로, 이기주의를 양산하는 원인이 되고 있습니다.

문제는 이런 부모들의 비뚤어진 내 자식 감싸기가 가정만의 문제에만

머무는 것이 아니라 학교와 단체에까지 큰 영향을 미친다는 사실입니다. 서울의 한 초등학교 교사는 학생이 수업시간에 너무 자주 잠을 자서 부모에게 연락했더니 "방과 후 학원 수업과 집에서 공부를 너무 열심히 하고 있기 때문이니, 그냥 두세요"라는 말을 들었다고 합니다.

요즘 실제 학교 풍경을 돌아보면 전체 교사의 8% 정도가 학생과 부모의 반발로 엄격한 교육을 포기할 수밖에 없는 상황입니다. '용납할 수 없는' 학생들의 행동으로 전직을 심각하게 고려해 봤다는 교사가 전체의 1/3을 넘었다는 여론조사 결과가 발표되기도 했습니다.

이러한 결과는 버릇없는 아이들에 대한 가정과 학교의 통제 불능 상태를 보여주는 것입니다. 어느 집 아이나 귀하지 않은 아이는 없습니다. 그러나 부모가 자녀를 진정으로 귀하게 생각한다면 아이에게 '나를 보호하고 있는 사람들의 지시에 좋은 태도로 기쁘게 따르는(좋은나무성품학교 정의)' 순종의 성품을 반드시 가르쳐야 합니다.

가정에서 순종을 배운 사람이 학교에서 선생님의 지시에 순응하게 되고 직장과 사회에서도 **원만한 관계를 형성하며 자기의 역할을 충실히 수행하기 때문입니다.** 더 나아가 자신의 인생에 순응하는 자세가 자녀에게 행복한 삶을 만들어 줍니다.

〈출처: 성품양육바이블 / 이영숙 지음〉

성품 브리지|Character bridge 🐚

1 가정에서 부모님의 말씀에 어떤 태도로 순종하는지 생각해보고 문제점을 찾아보세요.

2 자녀들을 겸손히 순종하는 자녀로 가르치기 위해 부모가 해야 할 일은 무엇인가요?


기도

주님, 겸손히 순종하도록 가르치는 부모가 되게 도와주세요.

# 말씀대로 내게 이루어지이다

마태복음 1:18~25

18 예수 그리스도의 나심은 이러하니라 그의 어머니 마리아가 요셉과 약혼하고 동거하기 전에 성령으로 잉태된 것이 나타났더니 19 그의 남편 요셉은 의로운 사람이라 그를 드러내지 아니하고 가만히 끊고자 하여 20 이 일을 생각할 때에 주의 사자가 현몽하여 이르되 다윗의 자손 요셉아 네 아내 마리아 데려오기를 무서워하지 말라 그에게 잉태된 자는 성령으로 된 것이라 21 아들을 낳으리니 이름을 예수라 하라 이는 그가 자기 백성을 그들의 죄에서 구원할 자이심이라 하니라 22 이 모든 일이 된 것은 주께서 선지자로 하신 말씀을 이루려 하심이니 이르시되 23 보라 처녀가 잉태하여 아들을 낳을 것이요 그의 이름은 임마누엘이라 하리라 하셨으니 이를 번역한즉 하나님이 우리와 함께 계시다 함이라 24 요셉이 잠에서 깨어 일어나 주의 사자의 분부대로 행하여 그의 아내를 데려왔으나 25 아들을 낳기까지 동침하지 아니하더니 낳으매 이름을 예수라 하니라

누가복음 1:26~38

26 여섯째 달에 천사 가브리엘이 하나님의 보내심을 받아 갈릴리 나사렛이란 동네에 가서 27 다윗의 자손 요셉이라 하는 사람과 약혼한 처녀에게 이르니 그 처녀의 이름은 마리아라 28 그에게 들어가 이르되 은혜를 받은 자여 평안할지어다 주께서 너와 함께 하시도다 하니 29 처녀가 그 말을 듣고 놀라 이런 인사가 어찌함인가 생각하매 30 천사가 이르되 마리아여 무서워하지 말라 네가 하나님께 은혜를 입었느니라 31 보라 네가 잉태하여 아들을 낳으리니 그 이름을 예수라 하라 32 그가 큰 자가 되고 지극히 높으신 이의 아들이라 일컬어질 것이요 주 하나님께서 그 조상 다윗의 왕위를 그에게 주시리니 33 영원히 야곱의 집을 왕으로 다스리실 것이며 그 나라가 무궁하리라 34 마리아가 천사에게 말하되 나는 남자를 알지 못하니 어찌 이 일이 있으리이까 35 천사가 대답하여 이르되 성령이 네게 임하시고 지극히 높으신 이의 능력이 너를 덮으시리니 이러므로 나실 바 거룩한 이는 하나님의 아들이라 일컬어지리라 36 보라 네 친족 엘리사벳도 늙어서 아들을 배었느니라 본래 임신하지 못한다고 알려진 이가 이미 여섯 달이 되었나니 37 대저 하나님의 모든 말씀은 능하지 못하심이 없느니라 38 마리아가 이르되 주의 여종이오니 말씀대로 내게 이루어지이다 하매 천사가 떠나가니라

### 마리아의 임신 소식

사람이 가장 고통스러울 때는, 고통 지체보다도 고통의 원인과 결말을 전혀 예측하기 어려운 순간에 처해 있을 때입니다. 본문의 요셉과 마리아는 정혼을 한 후 결혼할 날을 기다리고 있었습니다. 그런데 남편이

될 요셉에게 마리아가 임신했다는 소식이 들립니다. 그리고 어느 날, 마리아에게도 천사가 나타나 잉태의 소식을 전해 줍니다. 약혼한 두 사람, 요셉과 마리아에게는 임신 소식이 받아들이기 어려운 고통이요, 평생에 부담이 되는 일이었습니다.

### 순종하여 주님의 부모가 된 마리아와 요셉

그러나 요셉과 마리아는 이 고통스러운 현실이 하나님으로부터 시작되었고, 하나님의 계획 속에서 자신들이 역사하심의 도구로 사용되었음을 알게 되었습니다. 그리고 겸허히 하나님의 뜻과 계획 앞에 순종했습니다. 사람을 의식하는 것이 아니라 주의 말씀이 무엇인가에 귀를 기울이는 태도, 경청과 순종이 역사의 전환점을 가져온 것입니다.

주의 사자의 분부대로 행한 요셉과 "주의 여종이오니 말씀대로 내게 이루어지이다(누가복음 1:38)"라고 고백한 마리아는 상식적으로 이해할 수 없는 현실의 문제를 축복의 기회로 바꾸었습니다. 또한 순종을 통해 하나님의 아들, 예수 그리스도의 육신의 부모가 되는 영광을 얻을 수 있었습니다.

문제의 핵심은 내가 이해할 수 있느냐가 아닙니다. 그것이 하나님이 원하시는 뜻이냐를 분별하는 것이 **고통의 문제를 해결하는 가장 중요한 열쇠**가 됩니다. 환경 속에 이해할 수 없는 상황이 벌어질 때, 체면이나 사람들의 시선을 의식하기 전에 먼저 이 상황을 주관하시는 하나님이 어떤 뜻을 가지고 계시는가를 물어야 합니다. 하나님의 뜻을 이해할 수 있다면 고통은 오히려 축복으로 변화될 수 있습니다.

1 현재 당신의 삶 속에 하나님의 관점에서 바라봐야 할 고통은 무엇입니까?

2 당신이 당하는 고통을 하나님의 관점에서 바라보면 어떤 위로와 격려를 얻습니까?


기도

주님, 가장 고통스러운 순간에도 담대함을 잃지 않고 순종의 성품으로 하나님을

의지하도록 도와주세요.

# 순종의 대상

신명기 5:29

다만 그들이 항상 이같은 마음을 품어 나를 경외하며 내 모든 명령을 지켜서
그들과 그 자손이 영원히 복 받기를 원하노라

　하나님이 우리에게 순종을 원하시는 이유는 우리에게 복을 주기 위해
서입니다. 놀랍지 않나요? 우리를 옭아매거나 가두어 두려고 하는 것이
아니라 우리를 축복하시기 위해서 순종하기를 원하신다는 것입니다.
　"다만 그들이 항상 이같은 마음을 품어 나를 경외하며 내 모든 명령
을 지켜서 그들과 그 자손이 영원히 복 받기를 원하노라"(신명기 5:29)
　하나님께서는 순종하는 자에게 지혜를 주시고 장수의 복을 허락하
시며 어디로 가든지 형통하게 하실 것을 약속하셨습니다(여호수아 1:7).
그렇기 때문에 우리는 순종을 향한 하나님의 선하신 약속과 계획을 믿
고 어려운 상황에서도 좋은 태도로 기쁘게 순종할 수 있는 힘을 얻게
됩니다.
　**우리가 순종해야 할 대상은 가장 먼저 하나님입니다.** 하나님께 순종

하는 것이 우리가 해야 할 첫 번째 과제입니다. "여호와로 인하여 기뻐하는 것이 너희의 힘이니라"(느헤미야 8:10)고 성경은 말합니다. 힘과 용기를 갖고 사는 인생의 비결은 바로 여호와를 기뻐하는 삶입니다.

또한 하나님의 말씀을 듣고 행하는 사람은 이 땅의 하나님 아버지의 대리자인 부모에게 순종해야 합니다.

"네 아버지와 어머니를 공경하라 이것은 약속이 있는 첫 계명이니 이로써 네가 잘되고 땅에서 장수하리라"(에베소서 6:2~3) 부모에게 순종하는 자를 하나님은 세우시고 인정하십니다. 범사에 잘되고 땅에서 장수하는 축복을 온전히 누리고 싶습니까? 세상의 야망에 휩싸이는 대신 오늘 바로 순종의 삶을 결단하고 시작하세요. 순종은 그리 어렵지 않습니다.

"내가 오늘 네게 명령한 이 명령은 네게 어려운 것도 아니요 먼 것도 아니라 하늘에 있는 것이 아니니 … 이것이 바다 밖에 있는 것이 아니니 … 오직 그 말씀이 네게 매우 가까워서 네 입에 있으며 네 마음에 있은 즉 네가 이를 행할 수 있느니라"(신명기 30:11~14) 하나님께서는 순종의 성품을 기뻐하시고, 구하는 자에게 순종의 성품을 축복하십니다. 하나님께 순종의 삶을 살도록 인도해 달라고 간구해 보십시오. 하나님께 도움을 요청할 때 모든 것을 후히 넉넉하게 주시는 하나님의 풍성함이 우리를 바르게 인도해 주십니다.

〈출처 : 성품훈계법 / 이영숙 지음〉

159

성품 브리지|Character bridge 🌸

1 우리가 부모님께 순종하는 것이 하나님의 뜻이라는 것을 알고 있습니까?

2 부모님의 말씀이 하나님의 뜻을 거역하는 일이라면 우리는 어떻게 해야 합니까?

  (더 위에 계신 분의 뜻을 따르는 것이 질서이나, 순종의 태도를 지키면서도 우리의 생각을

  지혜롭게 말할 수 있도록 방법을 생각해 보세요.)


기도

하나님, 우리가 하나님께 순종하여 힘 있게 사는 비결을 찾게 해주시고, 부모님께

순종하여 이 땅에서도 잘되고 장수의 복을 누리게 해 주세요. 혹시 부모님께서 합당

하지 않은 지시를 하실 때는 올바른 태도로 지혜롭게 대처하도록 능력을 주세요.

# 모든 것을 버려두고 예수를 따르니라

누가복음 5:1~11

1 무리가 몰려와서 하나님의 말씀을 들을새 예수는 게네사렛 호숫가에 서서 2 호숫가에 배 두 척이 있는 것을 보시니 어부들은 배에서 나와서 그물을 씻는지라 3 예수께서 한 배에 오르시니 그 배는 시몬의 배라 육지에서 조금 떼기를 청하시고 앉으사 배에서 무리를 가르치시더니 4 말씀을 마치시고 시몬에게 이르시되 깊은 데로 가서 그물을 내려 고기를 잡으라 5 시몬이 대답하여 이르되 선생님 우리들이 밤이 새도록 수고하였으되 잡은 것이 없지마는 말씀에 의지하여 내가 그물을 내리리이다 하고 6 그렇게 하니 고기를 잡은 것이 심히 많아 그물이 찢어지는지라 7 이에 다른 배에 있는 동무들에게 손짓하여 와서 도와 달라 하니 그들이 와서 두 배에 채우매 잠기게 되었더라 8 시몬 베드로가 이를 보고 예수의 무릎 아래에 엎드려 이르되 주여 나를 떠나소서 나는 죄인이로소이다 하니 9 이는 자기 및 자기와 함께 있는 모든 사람이 고기 잡힌 것으로 말미암아 놀라고 10 세베대의 아들로서 시몬의 동업자인 야고보와 요한도 놀랐음이라 예수께서 시몬에게 이르시되 무서워하지 말라 이제 후로는 네가 사람을 취하리라 하시니 11 그들이 배들을 육지에 대고 모

## 기적을 넘어 순종으로

하나님의 기적은 단순히 불가능을 가능케 하는 사건만이 아닙니다. 하나님께서 기적을 행하실 때는 그 기적을 통해 말씀하시는 더 큰 의미가 있습니다. 그래서 성경은 기적이라는 단어보다는 표적이라는 말을 더 즐겨 사용합니다. 즉 무엇인가를 가르치려는 목적으로 사용된 표적이라는 것입니다. 기적을 위한 기적을 행하여 사람들의 인기와 관심을 끌려는 의도가 아니라, 기적이 아니면 해결될 수 없는 상황에서 하나님의 하나님 되심을 알도록 기적을 행하셨습니다. 홍해가 갈라지고, 해가 뒤로 물러가고, 죽은 자가 살아나는 기적은 기적이 아니면 해결될 수 없는 문제를 하나님의 방법으로 해결하신 것입니다. 그것이 바로 하나님의 기적입니다.

지금도 하나님은 인간이 해결할 수 없는 상황 가운데 개입하셔서 기적을 행하시는 분입니다. 또한 기적을 통해 하나님이 어떤 분이시며, 왜 그분을 믿고 신뢰해야 하는지를 알려 주고 계십니다. 갈릴리 가나의 혼인 잔치에서 물로 포도주를 만든 예수님의 기적은 무에서 유를 창조하고, 물같이 무감각한 인생을 포도주같이 생동감 있는 인생으로 만드시는 예수 그리스도의 능력을 단번에 보여준 사건입니다. 바로 예수 그리스도를 창조주이시며, 내 인생의 주인으로 모시게 하는 믿음의 기적인 것입니다.

### 순종으로 기적 속에서 자신의 한계를 깨달은 사람

본문의 기적은 내 경험과 내 능력이 하나님 앞에서는 아무것도 아니라는 것을 가르쳐 줍니다. 베드로는 자신의 어부 경험과 기술을 내려놓고 예수님께 순종하여, 기대한 것 이상으로 놀랄만한 수확을 얻었습니다. 순종을 통해 예수 그리스도의 하나님 되심을 깨닫게 된 것입니다.

순종은 자신의 한계를 철저히 깨닫고 예수 그리스도 앞에 자신의 인생을 내려놓게 합니다. 그리고 하나님은 그런 순종의 사람을 하나님의 역사 속 주인공으로 사용하십니다.

인생의 전환은 순종으로부터 시작됩니다. 순종은 기적을 경험하게 하고, 기적은 하나님 앞에서 **자신의 한계와 내면을 바라보게 합니다.** 결국 하나님의 도구로 쓰임 받는 자리에 서게 합니다.

하나님은 순종하는 사람에게 생각한 것 이상의 새로운 미래를 제시하십니다. 내 삶에 커다란 변화를 가져오는 순종을 더는 주저하지 마세요.

**성품 브리지**|Character bridge 🐾

1 하나님의 말씀에 순종하는 것을 가로막고 방해하는 것은 무엇입니까?

2 오늘 당신이 하나님께 순종할 것을 작성하여 주저하지 말고 실천해 보세요.

**기도**

주님, 순종함으로 기적을 경험하고 기적을 이루시는 하나님께 쓰임 받는 자가 되도록 도와주세요.

삶。50일

# 네! 엄마, 기쁜 맘으로 따를게요

골로새서 3:20

자녀들아 모든 일에 부모에게 순종하라 이는 주 안에서 기쁘게 하는 것이니라

순종해야 하는 가장 큰 이유는 무엇입니까? 많은 이유가 있겠지만 순종은 기쁨을 주기 때문이 아닌가 생각합니다.

"자녀들아 모든 일에 부모에게 순종하라 이는 주 안에서 기쁘게 하는 것이니라"(골로새서 3:20) 순종하는 자녀를 볼 때 부모는 무한한 기쁨을 느낍니다. 이것은 주님도 기뻐하시는 것입니다. 순종하는 자녀를 볼 때 부모는 기쁘고 행복하고 또 살맛이 납니다. 무엇을 해도 신납니다. 말을 귀담아들으려는 자세, 그리고 좋은 태도로 즉시 따르려고 하는 적극적인 모습을 보는 것보다 더 기쁨을 주는 효도는 없습니다.

좋은나무성품학교에 다니는 장유민 어린이를 통해 큰 기쁨을 느낀 어머니의 이야기를 들어보겠습니다.

순종이 "나를 보호하고 있는 사람들의 지시에 좋은 태도로 기쁘게 따르는 것"(좋은나무성품학교 정의)임을 알았을 때, 아이들을 보호하고 가르치는 부모로서 나 자신의 태도는 과연 어떠한지 다시 한번 돌아보게 되었습니다.

**부모인 내가 아이들에게 얼마나 현명한 지시를 내리고 있는지,** 현명하지 못한 수많은 지시로 인해 아이에게 상처를 주지는 않았는지, 나의 잘못된 지시로 인해 유민이가 바르지 못한 태도를 보이는 것은 아닌지 다시 한번 생각해 보게 됩니다.

요즘 유민이가 유치원에서 받아온 분홍색 순종마이크와 순종 언어노트가 우리 가족을 얼마나 행복하게 만들어 주는지 모릅니다. 순종 마이크와 노트는 좋은나무성품학교에서 Pink party 때 Story Telling 방에서 만들었던 작품입니다. 마이크의 의미는 지시를 말하는 사람은 지시를 말할 때마다 한 번 더 생각하고, 순종해야 하는 사람의 입장에서는 그 지시에 기쁘게 따르라는 의미를 담고 있습니다.

요즘 유민이는 "네, 제가 할게요" "네, 엄마 기쁜 마음으로 따를게요"라고 말하며 우렁찬 목소리로 분홍색 마이크를 잡고 저의 지시에 기쁨으로 따라주고 있습니다. 순종하는 유민이로 인해 하루하루가 행복합니다.

성품교육을 만나기 전에는 고집도 세고 삐지기도 잘하던 유민이었는데, 순종의 성품을 배우고 난 후부터는 자신의 주장도 YES 법칙(Y : Yes, E : Earnest, S : Suggest)을 통해 곧잘 표현하고 있습니다. 그런 유민이를 보면 더욱더 바르고 현명한 지시를 내릴 수 있도록 감정을 절제하고 지혜로운 엄마가 되어야겠다는 생각이 저절로 듭니다. 오늘도 우리 딸

유민이의 모습을 통해, 양가의 부모님과 남편에게 나도 순종의 태도로 좋은 본을 보여야겠다고 다짐하면서 하루를 보내고 있습니다.

순종을 배워가는 자녀를 통해 벅찬 감격과 감동을 경험하게 되는 것처럼, 하나님 아버지를 가장 기쁘게 하는 것도 우리의 순종입니다. 완벽한 부모는 없으며 모든 지시나 훈계가 옳다고 말할 수는 없을 것입니다. 그러나 하나님의 뜻과 말씀은 선하시고 온전합니다. 말씀에 순종하여 하나님께 기쁨을 드리는 자가 됩시다.

**성품 브리지**|Character bridge 🍇

1 부모님을 기쁘게 하기 위해서 어떻게 순종해야 할지 생각해 보세요.

2 하나님께 순종해야 하는 것은 어떤 것들이 있는지 생각해 보세요.

**기도**

주님, 부모님의 말씀에 순종함으로 하나님과 부모님을 기쁘게 해드리는 자녀가 되도록 도와주세요.

말씀。 51일

# 고난으로 순종함을 배워서 온전하게 되셨은즉

히브리서 5:7-10

7 그는 육체에 계실 때에 자기를 죽음에서 능히 구원하실 이에게 심한 통곡과 눈물로 간구와 소원을 올렸고 그의 경건하심으로 말미암아 들으심을 얻었느니라 8 그가 아들이시면서도 받으신 고난으로 순종함을 배워서 9 온전하게 되셨은즉 자기에게 순종하는 모든 자에게 영원한 구원의 근원이 되시고 10 하나님께 멜기세덱의 반차를 따른 대제사장이라 칭하심을 받으셨느니라

### 고난을 통한 순종

예수님께서 받으신 고난은 예수님 입장에서는 전혀 당할 이유가 없는 고난이었습니다. 사실 이 고난은 우리 각 사람이 당해야 하는 고난입니다. 고난을 통해서 인간이 죄로 인해 겪어야 하는 형벌이 얼마나 무서운지 친히 경험하신 예수님은 고난을 통해 진정한 순종이 무엇인지를 몸소 가르쳐주셨습니다. 예수님은 자신이 십자가에 못 박혀야 한다는 하나님의 뜻을, 십자가를 지는 순종을 통해 확인하신 것입니다.

몸소 겪기 전과 겪은 후의 이해는 전혀 다릅니다. 고난을 통해 순종함

으로써 예수님은 하나님께서 맡기신 과업, 즉 인류를 구원하는 구속 사역을 완성할 수 있었습니다.

## 예수님도 순종으로 온전해지셨다면

예수님의 고난이 우리에게 주는 교훈이 있습니다. 주어진 과제를 수행하는 과정은 때로는 감당하기 어려운 고통이 수반되기도 합니다. 이런 고통은 불순종하면 겪지 않아도 되는 고통입니다. 하지만 불순종으로 하나님의 뜻을 이루지 못한다면 **순종 때문에 겪는 시련보다 더 큰 고통을 겪게 된다는 사실을 기억해야 합니다.**

고난이 따르는 순종은, 우리에게 순종해야 하는 이유를 알려줍니다. 겪어보지 않고는 알 수 없는 일들이 많습니다. 하지만 순종하여 상황과 마주하게 되면 알 수 있게 됩니다.

피하는 것이 능사는 아닙니다. 피할 수 없는 고난은 통과하십시오. 통과하면 그 이유를 알 수 있고, 통과해야 하나님의 뜻을 온전히 이룰 수 있습니다.

지금 이해할 수 없는 고통을 당하고 있다고 생각합니까? 그렇다면 일단 겪어보십시오. 불평과 원망보다 고통을 겪으면서 고통이 주는 의미가 무엇인지 깊이 생각해 보는 것이 축복입니다.

고통을 기뻐하는 사람은 없습니다. 그렇다고 고통을 피할 수 있는 사람도 없습니다.

하지만 고통에는 뜻이 있습니다. 사실 고통보다 더 고통스러운 것은 이유를 알 수 없는 고통의 의미입니다. 고통에 대한 하나님의 뜻을 안다면 그 고통은 견딜만한 고통이 됩니다. 당신이 당하는 고통에 대한 하나님의 뜻을 구하십시오.

### 성품 브리지|Character bridge 🍇

1 내가 겪는 고통에 대한 하나님의 뜻은 무엇이라고 생각합니까?

2 하나님의 뜻을 이루기 위해 당신에게 주어진 고통에 어떻게 대처하겠습니까?

### 기도

주님, 예수님도 고난으로 순종을 배워 온전해지셨듯이 저도 삶의 어려움 가운데서 순종함으로 온전해질 수 있도록 도와주세요.

# 순종은 축복입니다

욥기 36:11-12

11 만일 그들이 순종하여 섬기면 형통한 날을 보내며 즐거운 해를 지낼 것이
요 12 만일 그들이 순종하지 아니하면 칼에 망하며 지식 없이 죽을 것이니라

레위기 26:12

나는 너희 중에 행하여 너희의 하나님이 되고 너희는 내 백성이 될 것이니라

큰아들 희종이가 한동대 로스쿨에 진학하게 되었을 때의 이야기입니
다. 큰아들 희종이, 막내인 유종이와 함께 큰아들이 3년 동안 지낼 집을
구하기 위해 포항에 내려갔습니다. 함께 집을 구하고 가구를 들이고, 필
요한 것들을 준비하는 과정에서 갑자기 희종이가 이렇게 말했습니다.

"엄마, 전 옛날에는 제 고집을 부려야 좋은 것을 차지할 수 있다고 생
각했어요. 그런데 요즘은 부모님에게 순종하기만 하면 가장 좋은 것이
그냥 흘러들어와 저절로 내 것이 되는 것을 알았어요. 왜냐하면 부모님
수준이 내 수준보다 훨씬 높으니까요. 하하하!"

큰아들의 이야기를 들으면서 문득 하나님 아버지에 대해 생각해 보게 되었습니다. 우리 하나님도 늘 우리의 생각보다 더 가치 있는 것들을 주십니다. 그 사실을 더디게 깨달을 뿐이지 훗날 돌아보면 여지없이 가장 좋은 것을 주셨다는 것을 확신하게 됩니다.

마치 큰아들을 사랑하기 때문에 최고의 것을 고심하며 마련하는 것처럼 하나님도 우리에게 바로 그런 마음으로 순간순간을 인도해 주시는 것입니다.

그러나 내 고집으로 불순종할 때는 그 좋은 것들이 흘러갈 수가 없습니다. 불순종으로 관계가 깨졌기 때문입니다.

순종하면 손해를 본다고 생각하는 사람들이 있습니다. 특히 민주주의를 표방하는 사람들은 더 그렇게 생각하는 경향이 있습니다. 그러나 하나님의 방법은 민주주의가 아닙니다. 하나님이 거하시는 왕국의 법칙은 따로 있습니다. 투표로 결정하는 것이 아니라 절대적 가치로 우리 앞에 질서 있게 놓여 있습니다. 우리가 그 원리대로 순종하며 살 때 우리에게 꼭 맞는 행복을 누릴 수 있습니다.

우리가 권위 앞에 순종하는 것은 권위 너머에 계신 하나님을 경외하는 것이 됩니다. **하나님은 자신을 경외하는 자들을 복주시고 책임져 주십니다.** "만일 그들이 순종하여 섬기면 형통한 날을 보내며 즐거운 해를 지낼 것이요 만일 그들이 순종하지 아니하면 칼에 망하며 지식 없이 죽을 것이니라"(욥기 36:11~12)라고 말씀하고 계십니다.

까다로운 상사, 억울한 직장, 공평하지 않은 부모 등 내게 맞지 않는 대상에게도 순종하는 것이 하나님의 뜻입니까? 그렇습니다. 하나님이 그들에게 권위를 위임하셨기 때문에 권위에 순종할 때 우리는 축복과 자유를 누리게 됩니다.

순종은 바로 권위 너머에 계시는 하나님을 경외하는 태도이기 때문에, 하나님께서 반드시 복을 주십니다. 그러나 그 권위가 하나님의 계명을 어길 것을 강요할 때는 순종의 태도는 지키되 따르지 말아야 합니다. 다니엘이 순종의 태도로 말하지만 정중하게 신상에 절하는 것을 거절하는 모습(다니엘 3:16-18)과 하나님을 두려워하여 애굽 왕의 명을 어기고 남자아기를 살려둔 히브리 산파들의 태도(출애굽기 1:15-17)에서 우리는 진정한 순종을 배울 수 있습니다.

**성품 브리지Character bridge** 🎴

1 순종하면 손해를 본다고 생각한 적이 있습니까?

2 순종하는 당시에는 알지 못했지만, 결국 순종함으로 좋은 것을 얻었던 경험을 이야기해 봅시다.

**기도**

주님, 순종으로 하나님의 축복을 누리는 인생이 되게 하시고 까다로운 권위 앞에 더 많이 순종하는 법을 연습하도록 도와주세요.

# 아버지의 원대로 되기를 원하나이다

**마태복음 26:39-42**

39 조금 나아가사 얼굴을 땅에 대시고 엎드려 기도하여 이르시되 내 아버지여 만일 할 만하시거든 이 잔을 내게서 지나가게 하옵소서 그러나 나의 원대로 마시옵고 아버지의 원대로 하옵소서 하시고 40 제자들에게 오사 그 자는 것을 보시고 베드로에게 말씀하시되 너희가 나와 함께 한 시간도 이렇게 깨어 있을 수 없더냐 41 시험에 들지 않게 깨어 기도하라 마음에는 원이로되 육신이 약하도다 하시고 42 다시 두 번째 나아가 기도하여 이르시되 내 아버지여 만일 내가 마시지 않고는 이 잔이 내게서 지나갈 수 없거든 아버지의 원대로 되기를 원하나이다 하시고

## 아무도 피할 수 없는 죽음의 고통

사람마다 죽음의 형태가 다릅니다. 가장 일반적인 죽음은 자연적인 수명을 다하고 가족들이 임종을 지켜보는 가운데 죽음을 맞이하는 것입니다. 어떤 사람은 국가를 위해 전쟁터에서 장렬히 전사하기도 하고, 더러는 사고나 불치의 병 때문에 일찍 죽음을 맞이하는 사람들도 있습니

다. 어떤 이들은 다른 사람을 구하기 위해 의롭게 죽기도 하고, 신앙의 순결을 지키기 위해 순교한 이들도 있습니다.

죽음이 이토록 고통스럽고 슬픈 이유는, 바로 죽음을 통해 이루어지는 관계의 단절과 분리 때문입니다. 그렇다면 누구도 피할 수 없는 죽음 앞에 고통과 절망을 극복하는 방법은 무엇일까요?

## 죽음에 대한 하나님의 뜻에 순종한 예수 그리스도

예수 그리스도께서 죽음을 피하지 않고 당당히 죽음과 맞서 죽음을 받아들인 모습은, 오늘 우리가 삶과 죽음 앞에서 취해야 할 자세이기도 합니다. 예수님은 십자가를 지시기 바로 직전에 하나님 아버지께 기도하셨습니다. 죽을 이유가 없고 전혀 죽음과 상관없는 그리스도께서 어떻게 죽음을 받아들이실 수 있었을까요? 그것은 십자가에 달려 돌아가시는 것이 바로 하나님의 뜻이기 때문이었습니다. 자기 죽음을 통해 인류의 죄와 사망의 형벌을 해결하고자 하신 하나님의 뜻에 예수님께서 기꺼이 순종하실 수 있었습니다. 즉 죽는 것이 하나님의 뜻이라는 것을 충분히 아셨기 때문에, 죽음까지도 순종하실 수 있었습니다. 도저히 있을 수 없는 예수 그리스도의 형벌이 가능했던 것은 이렇게 하지 않으면 하나님 앞에서 인간의 죄가 결코 해결될 수 없다는 하나님의 뜻을 아셨기 때문입니다.

어쩌면 죽음보다 더 고통스러운 것은 왜 죽어야 하는지 모르는 상황 자체일 수도 있습니다. 수많은 사람이 죽음 앞에서 울부짖는 이유는 죽음 자체보다는 이유와 결말을 모르기 때문에 더 두려워하는 것입니다.

죽음의 이유를 알 수 있고 죽어야 할 이유가 분명하다면 고통과 죽음 앞에서도 이를 기꺼이 수용하며 순종할 수 있습니다.

　죽음은 고통스러운 것입니다. 하지만 고통이 하나님의 뜻이라면 회피하거나 외면하지 말아야 합니다. 하나님은 하나님의 뜻을 이루기 위해 쉬운 길만 예비하지 않으셨습니다. 한결같이 하나님의 뜻에 **순종하는 길은 고통스럽고 어려운 길이지만 하나님께서 함께하시는 길입니다.** 이제 당신의 순종만 남아 있습니다.

**성품 브리지**|Character bridge 🌼

1　오늘 하나님께서 요구하시는 고통스러운 순종의 삶은 무엇입니까?

2　하나님의 순종하라는 부르심에 당신은 어떻게 응답하겠습니까?

**기도**

주님, 현재의 고통이 하나님의 뜻 가운데 이루어졌다면 기꺼이 순종하게 도와주세요.

# 100% 순종이 100% 행복을 가져옵니다

**사무엘상 15:3**

지금 가서 아말렉을 쳐서 그들의 모든 소유를 남기지 말고 진멸하되 남녀와 소아와 젖 먹는 아이와 우양과 낙타와 나귀를 죽이라 하셨나이다 하니

순종할 때는 명령대로 100% 완벽하게 순종해야 합니다. 그래야 100%의 행복이 따라옵니다. 99%의 순종은 불순종입니다. 그 예를 우리는 사울의 일생에서 찾아볼 수 있습니다.

어느 날, 사무엘이 사울에게 하나님의 명령을 전달해 주었습니다. 이 말씀을 듣고 사울은 아말렉 나라에 쳐들어갔습니다. 사울은 수만 명의 목숨을 빼앗고 많은 짐승도 죽였습니다. 그러나 약간의 사람들과 약간의 짐승들은 남겨 두었습니다. 왕을 포로로 잡아 전리품으로 삼고 싶은 마음에 아말렉 왕을 살려두었습니다. 그리고 하나님께 드리는 제사로 사용한다는 명목을 만들어 살진 짐승들을 약간 남겨두었습니다. 그러나 이 일은 사울에게 엄청난 비극을 가져왔습니다. 하나님은 사울의 행동을 보시고 사무엘에게 이렇게 말씀하셨습니다.

"내가 사울을 왕으로 세운 것을 후회하노니 그가 돌이켜서 나를 따르지 아니하며 내 명령을 행하지 아니하였음이니라"(사무엘상 15:11) 사울은 하나님의 명령을 99% 수행했습니다. 그러나 하나님은 '그가 거역했다'고 말씀하십니다. 부분적인 순종은 순종이 아닙니다. 사울은 자기 생각대로 하나님의 명령에 순종했습니다.

우리는 순종할 때 내 생각대로가 아닌 명령하신 분의 생각에 온전히 공감하며 따라야 합니다. 그래서 저는 순종을 공감인지능력의 덕목을 키우는 성품으로 분류하여 가르칩니다.

순종이란 순종해야 할 대상의 생각과 감정과 행동을 그대로 100% 공감해서 따라야 합니다. **자기 합리화하는 것도 습관이 되고 성품이 됩니다.** 사울은 사무엘에게 "내가 여호와의 명령을 행하였다(사무엘상 15:13)"고 말합니다. "내 귀에 들리는 이 양과 소의 울음소리는 무엇이냐?(사무엘상 15:14)"고 사무엘이 사울에게 잘못을 지적하자 사울은 '당신의 하나님께 제사 드리려고 가장 좋은 것은 남겼다'며 합리화합니다. 계속해서 자기 합리화를 주장하는 사울에게 사무엘은 보석 같은 말을 남깁니다.

"순종이 제사보다 낫고 듣는 것이 숫양의 기름보다 낫다"(사무엘상 15:22)는 것입니다. 사울의 비극은 불순종에서부터 시작되었습니다. 그는 결국 왕의 자리를 잃게 됩니다.


불순종은 우상숭배와 같습니다. 불순종하는 이유는 바로 불신하고 있기 때문입니다.

"거역하는 것은 점치는 죄와 같고 완고한 것은 사신 우상에게 절하는 죄와 같음이라."(사무엘상 15:23)

성품 브리지|Character bridge 🌸

1 혹시 내 생각대로 적당한 수준에서 순종한 적은 없었는지 살펴보세요.

2 100%의 순종을 실천했을 때, 어떤 마음이 들었는지 생각해 보세요.

기도

주님, 적당한 선에서 순종하는 것이 아니라, 100% 순전한 마음으로 주어진 지시에 순종하도록 지혜와 능력을 주세요.

말씀。 55일

# 명하신 대로 다 준행하였더라

창세기 6:8-22

8 그러나 노아는 여호와께 은혜를 입었더라 9 이것이 노아의 족보니라 노아는
의인이요 당대에 완전한 자라 그는 하나님과 동행하였으며 10 세 아들을 낳
았으니 셈과 함과 야벳이라 11 그 때에 온 땅이 하나님 앞에 부패하여 포악함
이 땅에 가득한지라 12 하나님이 보신즉 땅이 부패하였으니 이는 땅에서 모
든 혈육 있는 자의 행위가 부패함이었더라 13 하나님이 노아에게 이르시되
모든 혈육 있는 자의 포악함이 땅에 가득하므로 그 끝 날이 내 앞에 이르렀으
니 내가 그들을 땅과 함께 멸하리라 14 너는 고페르 나무로 너를 위하여 방
주를 만들되 그 안에 칸들을 막고 역청을 그 안팎에 칠하라 15 네가 만들 방
주는 이러하니 그 길이는 삼백 규빗, 너비는 오십 규빗, 높이는 삼십 규빗이라
16 거기에 창을 내되 위에서부터 한 규빗에 내고 그 문은 옆으로 내고 상 중
하 삼층으로 할지니라 17 내가 홍수를 땅에 일으켜 무릇 생명의 기운이 있는
모든 육체를 천하에서 멸절하리니 땅에 있는 것들이 다 죽으리라 18 그러나
너와는 내가 내 언약을 세우리니 너는 네 아들들과 네 아내와 네 며느리들과
함께 그 방주로 들어가고 19 혈육 있는 모든 생물을 너는 각기 암수 한 쌍씩

방주로 이끌어들여 너와 함께 생명을 보존하게 하되 20 새가 그 종류대로, 가축이 그 종류대로, 땅에 기는 모든 것이 그 종류대로 각기 둘씩 네게로 나아오리니 그 생명을 보존하게 하라 21 너는 먹을 모든 양식을 네게로 가져다가 저축하라 이것이 너와 그들의 먹을 것이 되리라 22 노아가 그와 같이 하여 하나님이 자기에게 명하신 대로 다 준행하였더라

## 불합리한 지시가 내려졌을 때

당신은 리더가 지시한 불합리한 명령을 평생에 걸쳐 순순히 따를 수 있습니까? 그 일에 대해 정해진 기한도 없는데 계속해서 수행할 수 있습니까?

비상식적이고 공감대가 없고, 사람들의 조롱거리가 될 수 있는 지시 앞에서 이를 극복하고 순종한 사람이 노아입니다. 노아는 어떻게 이런 순종이 가능했을까요?

## 조롱과 멸시를 극복하고 순종함으로 심판에서 구원받은 사람

첫째, 노아가 하나님의 은혜를 입었기 때문입니다. 이 말씀은 노아는 자신의 의사와 상관없이 하나님이 부어주시는 은혜를 수동적으로 받았다는 것이 아닙니다. 그는 하나님과 교제하는 사람이었고, 하나님과의 교제 속에서 하나님으로부터 오는 은혜를 깨달았습니다. 하나님의 계획과 뜻을 안 노아가 하나님의 말씀에 순종할 수 있었던 것입니다.

둘째, 그는 의인이었고 완전한 자였으며 하나님과 동행한 사람이었습니다. 노아는 평소에 하나님의 말씀에 순종하여 하나님이 원하시는 수

준의 삶을 살고 있었습니다. 그래서 방주를 지으라는 황당하고 어처구니없는 명령에도 순종할 수 있었던 것입니다. 순종은 합리적이고 이해할 수 있을 때만 하는 것이 아닙니다. 오히려 하나님과 동행하면서 하나님을 알게 되면 하나님이 말씀하시는 것에 순종할 수 있습니다.

셋째, 시대를 분별하는 안목이 있었기 때문입니다. 세상에 패괴함과 강포가 가득하다는 하나님의 말씀에 노아는 충분히 공감하고 있었습니다. 심판을 받을 수밖에 없는 시대임을 분별하는 안목이 노아로 하여금 심판을 대비하는 방주를 지을 수 있게 한 것입니다. 노아는 하나님께서 자기에게 명하신 대로 다 준행했습니다.

**하나님께 대한 순종은 당신의 영적인 상태를 보여줍니다.** 순종하기 전에 하나님과 교제하고 동행하는 삶이 우선되어야 합니다. 순종은 하나님과 동행한 삶의 결과입니다.

**성품 브리지** |Character bridge 🌸

1 하나님의 말씀에 순종한 노아의 영적인 모습과 당신의 영적인 모습에 차이가 있다면 무엇입니까?

2 오늘 당신이 하나님과 동행하기 위해 할 수 있는 일은 무엇입니까?

**기도**

주님, 내 눈에 불합리해 보이는 지시라도 변명하지 않고 순종할 수 있도록 도와주세요.

삶, 56일

# 순종만 있을 뿐

사도행전 5:29

베드로와 사도들이 대답하여 이르되 사람보다 하나님께 순종하는 것이 마땅
하니라


　어느 날 레너드 우드(Leonard Wood) 경이 프랑스 왕의 궁전을 방문
했습니다. 왕은 품위 있고 반듯한 레너드 경이 무척 마음에 들었습니다.
그래서 레너드 경에게 다음 날 만찬에 함께 참석하라는 기별을 보냈습
니다.

　다음 날 만찬장에 들어선 프랑스 왕은 그 자리에 레너드 경이 와 있는
것을 보고 깜짝 놀랐습니다. 뜻밖의 만남에 왕은 약간 의외라는 표정으
로 레너드 경을 맞으며 말했습니다.

　"레너드 경! 이곳에서 당신을 보다니, 참으로 기대하지 않은 일이오.
어떻게 만찬장에 왔소?"

　그러자 레너드 경은 매우 당황한 얼굴로 왕에게 되물었습니다.

　"폐하께서 저를 초대하지 않으셨습니까?"

"그랬지. 하지만 경은 나의 초대에 아무런 응답도 보내지 않았잖소."

비로소 왕의 말을 이해한 레너드 경은 프랑스 왕에게 정중히 대답했습니다.

"왕의 초대에는 대답이 필요 없습니다. 다만 순종만 있을 뿐이죠."


오늘날 많은 크리스천은 예배와 찬양, 기도로 하나님이 나의 왕이요, 주인이심을 고백합니다. 그러나 삶의 어느 순간으로 돌아가면 하나님의 뜻대로 순종한다는 개념과는 전혀 다른 별개의 삶을 살아가기도 합니다. 내 생각이 더 중요하게 작동하고 이해가 안 되는 상황에서는 용감하게 NO를 선포합니다.

왜 하나님을 구주로 인정하면서도, 기쁘게 순종하지 못할까요? 바로 순종의 성품을 당연한 것으로 받아들이지 못했기 때문이지요.

우리는 많은 순간 이성과 논리를 추구하는 교육철학과 사고방식에 물들어 지냅니다. 결과를 추론하고 미래를 예측하고 합리적으로 계산해서 오차를 줄이는 삶이 성공하는 인생이라고 믿고 살아갑니다. 무언가 정보의 망원경으로 앞날을 내다보지 못하면 불안하고 초조해집니다. 내 생각대로 안 되면 망할 것 같은 불안감, 이해가 되는 것만 내 것으로 여기는 삶이 순종을 나의 성품으로 받아들이지 못하게 하지요.

이러한 사고의 풍조는 순종이라는 단어까지도 교육계에서 사라지는 세상을 만들어 가고 있습니다. 개인의 완벽한 생각, 완벽한 지식만이 완전한 것이라는 착각을 불러일으킵니다.

그러나 이것은 말 그대로 착각일 뿐입니다.

"네가 스스로 지혜롭게 여기는 자를 보느냐 그보다 미련한 자에게 오히려 희망이 있느니라"(잠언 26:12)라고 말씀하십니다.

우리는 창조주이신 하나님께서 생기를 불어 만드신 피조물입니다. 우리의 인정 여부와는 상관없이, 하나님은 만물을 지으신 왕이요, 내 인생의 주인이십니다.

"왕의 초대에는 대답이 필요 없습니다. 다만 순종만 있을 뿐이죠"라고 말한 레너드 경의 대답처럼, 오늘 하나님 아버지의 초대에 YES로 대답하기 바랍니다.

그분의 인도하심을 따라 우리가 순종함으로 나아갈 때 진정한 행복이 준비되어 있습니다. 그분은 우리를 지으신 분이기에 우리에게 진짜 필요한 것이 무엇인지 다 아십니다.

하나님은 오늘, **우리가 순종함으로 풍성한 삶을 얻게 되기를 초대하고 계십니다.**

"... 내가 온 것은 양으로 생명을 얻게 하고 더 풍성히 얻게 하려는 것이라"(요한복음 10:10)

**성품 브리지**|Character bridge

1 오늘 하나님 아버지의 초대에 당신은 어떤 대답을 하겠습니까?

2 하나님 아버지의 초대에 망설이고 있다면, 그 이유는 무엇입니까?

**기도**

주님, 오늘 내 삶 가운데 하나님의 주인 되심을 인정하고 하나님의 초대에 YES로

대답하며 순종하도록 도와주세요.

 당신이 순종을 배우기 전까지는 진정한 사람이 될 수 없다
_존 버로스

# 내가 이제야 네가 나를 경외하는 줄 아노라

창세기 22:1-18

1 그 일 후에 하나님이 아브라함을 시험하시려고 그를 부르시되 아브라함아 하시니 그가 이르되 내가 여기 있나이다 2 여호와께서 이르시되 네 아들 네 사랑하는 독자 이삭을 드리고 모리아 땅으로 가서 내가 네게 일러 준 한 산 거기서 그를 번제로 드리라 3 아브라함이 아침에 일찍이 일어나 나귀에 안장을 지우고 두 종과 그의 아들 이삭을 데리고 번제에 쓸 나무를 쪼개어 가지고 떠나 하나님이 자기에게 일러 주신 곳으로 가더니 4 제삼일에 아브라함이 눈을 들어 그 곳을 멀리 바라본지라 5 이에 아브라함이 종들에게 이르되 너희는 나귀와 함께 여기서 기다리라 내가 아이와 함께 저기 가서 예배하고 우리가 너희에게로 돌아오리라 하고 6 아브라함이 이에 번제 나무를 가져다가 그의 아들 이삭에게 지우고 자기는 불과 칼을 손에 들고 두 사람이 동행하더니 7 이삭이 그 아버지 아브라함에게 말하여 이르되 내 아버지여 하니 그가 이르되 내 아들아 내가 여기 있노라 이삭이 이르되 불과 나무는 있거니와 번제할 어린 양은 어디 있나이까 8 아브라함이 이르되 내 아들아 번제할 어린 양은 하나님이 자기를 위하여 친히 준비하시리라 하고 두 사람이 함께 나아

가서 9 하나님이 그에게 일러 주신 곳에 이른지라 이에 아브라함이 그 곳에 제단을 쌓고 나무를 벌여 놓고 그의 아들 이삭을 결박하여 제단 나무 위에 놓고 10 손을 내밀어 칼을 잡고 그 아들을 잡으려 하니 11 여호와의 사자가 하늘에서부터 그를 불러 이르시되 아브라함아 아브라함아 하시는지라 아브라함이 이르되 내가 여기 있나이다 하매 12 사자가 이르시되 그아이에게 네 손을 대지 말라 그에게 아무 일도 하지 말라 네가 네 아들 네 독자까지도 내게 아끼지 아니하였으니 내가 이제야 네가 하나님을 경외하는 줄을 아노라 13 아브라함이 눈을 들어 살펴본즉 한 숫양이 뒤에 있는데 뿔이 수풀에 걸려 있는지라 아브라함이 가서 그 숫양을 가져다가 아들을 대신하여 번제로 드렸더라 14 아브라함이 그 땅 이름을 여호와 이레라 하였으므로 오늘날까지 사람들이 이르기를 여호와의 산에서 준비되리라 하더라 15 여호와의 사자가 하늘에서부터 두 번째 아브라함을 불러 16 이르시되 여호와께서 이르시기를 내가 나를 가리켜 맹세하노니 네가 이같이 행하여 네 아들 네 독자도 아끼지 아니하였은즉 17 내가 네게 큰 복을 주고네 씨가 크게 번성하여 하늘의 별과 같고 바닷가의 모래와 같게 하리니 네 씨가 그 대적의 성문을 차지하리라 18 또 네 씨로 말미암아 천하 만민이 복을 받으리니 이는 네가 나의 말을 준행하였음이니라 하셨다 하니라

### 아브라함은 어떻게 순종의 과제를 풀었나요?

첫째, 시험의 시기입니다. "그 일 후에"(1절)라는 말은 아브라함이 그동안 하나님을 통해 수많은 사건과 경험을 한 후라는 것입니다. 즉 숱한 실패를 경험함으로써 하나님의 명령 앞에서 핑계를 대거나 거역하지 않

고 순종할 수 있을 만큼 성숙해진 것입니다.

둘째, 시험의 내용입니다. 2절의 말씀처럼 100세가 되어 얻은 아들을 번제로 드리라는 것은 아브라함에게 감당하기 어려운 시험이었습니다. 하나님이 우리에게 주시는 시험은 우리가 생각한 것보다 한 차원 높습니다. 이는 우리의 능력을 극대화하려는 하나님의 숨은 뜻이 있는 것입니다.

셋째, 시험당하는 자의 태도와 행동입니다. 아브라함은 하나님의 명령을 받았을 때 과거와는 다르게 누구와도 상의하지 않고 오직 하나님의 말씀에만 집중하여 명령을 그대로 행동했습니다. 내 생각과 경험을 내려놓고 오로지 하나님 말씀에만 집중한 것입니다.

넷째, 시험의 결과입니다. 아브라함은 시험을 통해 하나님께 인정을 받고, 아들을 다시 찾았습니다. 또한 가정의 축복을 보장받고, 온 인류에 축복의 통로가 되었습니다.

하나님 말씀에 **순종한다는 것은 고통을 감수한다는 것을 의미합니다.** 고통을 당하면 하나님의 관점에서 시험을 바라보는 훈련을 해보세요. 그리고 시험을 피하지 말고 당당하게 통과하세요. 과정은 고통스러워도 결과는 아름답습니다. 축복의 통로가 되기 위한 과정으로서의 시험을 감사함으로 받아들이기 바랍니다.

**성품 브리지|Character bridge** 🌿

1 내가 겪는 어려움과 고통에 대해 어떻게 생각합니까?

2 시험을 충실히 수행하기 위해 당신이 할 수 있는 것은 무엇입니까?


기도

주님, 오늘 주어진 순종의 과제를 통해 날마다 더욱 성숙한 순종을 실천하도록 도

와주세요.

 순종은 반항보다 더 강하다. 순종은 덤벼드는 폭력을 부끄럽게 만든다
_라이너 마리아 릴케

# 순종의 YES 법칙

잠언 15:23

사람은 그 입의 대답으로 말미암아 기쁨을 얻나니 때에 맞는 말이 얼마나 아름다운고

    어떤 사람들은 순종을 구시대의 산물쯤으로 여기기도 합니다. 왜냐하면 어느 때보다 각자의 개성과 의견이 존중되는 오늘날의 시대에 다른 사람의 말에 순종하는 것은 내 생각을 버리고 남의 눈치나 보는 수동적인 의미라고 잘못 알고 있기 때문입니다. 그러나 순종하면서 정중하게 자기 생각을 표현하는 방법이 있습니다. 바로 순종의 YES 법칙입니다.

    좋은나무성품학교에 다니는 예린이는 옷을 입을 때 벌써 좋아하는 자기 스타일이 있습니다. 유치원에서 배려를 배울 때 "나를 위한 배려"로 자기 전에 옷을 챙겨 놓고, 만약 미리 챙겨 놓지 못했다면 아침에 엄마가 선택해준 옷을 입기로 약속했습니다.

    그래서 예린이는 저녁마다 옷부터 양말까지 나름대로 스타일에 맞추

어 내일 입을 옷을 챙겨 놓고 잠자리에 들곤 했습니다. 하지만 전날 그냥 잠이 드는 바람에 자신이 준비해둔 옷을 입지 못하고 엄마가 챙겨주는 옷을 입고 가는 날은, 약속했는데도 불구하고 옷이 맘에 들지 않는다며 떼를 쓰면서 불만 가득한 얼굴로 집을 나서기 일쑤였습니다.

그런 예린이가 순종을 배운 후 달라졌습니다.

어느 날, 약속을 지키지 않아 엄마가 옷을 선택해 주었는데 힐끗 보더니 밝은 목소리로 "네"라고 즉시 대답을 하더랍니다. 순간 '와~ 순종을 배워서 그런가 보다.'라고 엄마는 생각했습니다. 그런데 잠시 후 씻고 나온 예린이가 엄마 옆으로 가서 "엄마, 그런데 저 오늘 다른 옷 입으면 안 될까요?"하고 정중하게 물어보는 것이 아닙니까! 엄마는 순간 YES 법칙을 사용하는 아이의 모습에 감동했습니다. 자신의 마음을 표현하면서도 관계를 깨뜨리지 않는 YES 법칙을 잘 배워서 사용하는 딸아이가 너무 신기하고 기특했다고 합니다. 기쁜 마음에 엄마는 예린이의 제안을 허락했고, 예린이는 자기가 좋아하는 옷으로 바꿔 입으며 가벼운 발걸음으로 유치원에 갔습니다.

순종이 자신의 욕구를 무시하고 따라야 하는 것 같아서 답답함 때문에 망설여 왔다면 YES 법칙을 기대하세요. 순종의 YES 법칙(Y : Yes , E : Earnest, S : Suggest)을 적용해 보세요. 먼저 권위자의 어떠한 말에도 순종하려는 의지가 있어야 합니다.

그리고 **정중하게 자기 생각을 표현하고 제안할 줄 아는 훈련이 필요합니다.** 성경에서도 "사람은 그 입의 대답으로 말미암아 기쁨을 얻나니 때에 맞는 말이 얼마나 아름다운고"(잠언 15:23)라고 말씀하고 있습니다. 정중하게 자기 생각을 표현할 줄 아는 지혜의 언어는 상대방과의 관계를 더욱 발전시킵니다. 순종의 태도를 잃지 않고 관계를 깨뜨리지 않으면서도 자신의 생각을 잘 말할 줄 아는 지혜를 구해 보세요.

### 성품 브리지 Character bridge 🌸

1 YES 법칙을 내 생활 속에 어떻게 적용할 수 있을까요?

### 기도

주님, 저에게 먼저 순종하려는 마음을 주시고 생각과 제안을 정중하게 말할 수 있는 지혜를 주세요.

말씀。 59일

# 주의 영이 빌립을 이끌어간지라

사도행전 8:26-40

26 주의 사자가 빌립에게 말하여 이르되 일어나서 남쪽으로 향하여 예루살렘에서 가사로 내려가는 길까지 가라 하니 그 길은 광야라 27 일어나 가서 보니 에디오피아 사람 곧 에디오피아 여왕 간다게의 모든 국고를 맡은 관리인 내시가 예배하러 예루살렘에 왔다가 28 돌아가는데 수레를 타고 선지자 이사야의 글을 읽더라 29 성령이 빌립더러 이르시되 이 수레로 가까이 나아가라 하시거늘 30 빌립이 달려가서 선지자 이사야의 글 읽는 것을 듣고 말하되 읽는 것을 깨닫느냐 31 대답하되 지도해 주는 사람이 없으니 어찌 깨달을 수 있느냐 하고 빌립을 청하여 수레에 올라 같이 앉으라 하니라 32 읽는 성경 구절은 이것이니 일렀으되 그가 도살자에게로 가는 양과 같이 끌려갔고 털 깎는 자 앞에 있는 어린 양이 조용함과 같이 그의 입을 열지 아니하였도다 33 그가 굴욕을 당했을 때 공정한 재판도 받지 못하였으니 누가 그의 세대를 말하리요 그의 생명이 땅에서 빼앗김이로다 하였거늘 34 그 내시가 빌립에게 말하되 청컨대 내가 묻노니 선지자가 이 말한 것이 누구를 가리킴이냐 자기를 가리킴이냐 타인을 가리킴이냐 35 빌립이 입을 열어 이 글에서 시작하여 예수

를 가르쳐 복음을 전하니 36 길 가다가 물 있는 곳에 이르러 그 내시가 말하되 보라 물이 있으니 내가 세례를 받음에 무슨 거리낌이 있느냐 37 (없음) 38 이에 명하여 수레를 멈추고 빌립과 내시가 둘 다 물에 내려가 빌립이 세례를 베풀고 39 둘이 물에서 올라올새 주의 영이 빌립을 이끌어간지라 내시는 기쁘게 길을 가므로 그를 다시 보지 못하니라 40 빌립은 아소도에 나타나 여러 성을 지나 다니며 복음을 전하고 가이사랴에 이르니라

## 충동에 이끌린 삶과 성경에 이끌리는 삶

고든 맥도날드는 「내면세계의 질서와 영적인 성장」(Ordering Your Private World)에서 두 종류의 삶을 말합니다. 하나는, 충동에 이끌리는 삶(driven life)이고, 또 하나는 소명(called life)에 이끌려 사는 삶입니다. 자신의 기분, 감정, 욕망에 이끌리는 삶을 '충동에 이끌리는 삶'이라고 한다면, 자신의 목적을 알고 이 땅에 자신을 보내신 하나님의 뜻과 목적에 부합된 삶을 '소명에 이끌리는 삶'이라고 합니다.

빌립은 성령에 이끌리는 삶을 산 사람입니다. 성령께서 말씀하시는데 민감하게 반응하여 성령의 인도하심을 받은 사람입니다. 하고 싶은 대로 한 것이 아니라, 주께서 말씀하시는 대로 순종하는 삶을 살았지요. **성령에 이끌리는 삶은 때로는 우리의 상식과 이성을 뛰어넘습니다.**

## 순종으로 한 나라를 변화시킨 빌립

광야로 가라는 그분의 음성 앞에 주저하지 않고 순종한 빌립은 거기서 하나님께서 예비하신 영혼을 만납니다. 그리고 준비된 복음을 증거

합니다. 빌립이 복음을 증거한 그는 바로 에티오피아의 최고 권력자 중한 명이었습니다. 빌립을 통해 에티오피아가 복음의 나라로 변화되는 기초를 쌓게 된 것입니다. 한 사람의 순종이 한 나라를 변화시켰습니다.

순종은 성령의 인도하심을 받는 삶입니다.

순종은 자신의 이성과 상식을 성령님께 맡기는 삶입니다.

순종은 영혼을 구원하는 기회를 얻게 합니다.

순종은 한 나라를 변화시키는 초석이 됩니다.

순종하는 사람을 하나님께서는 크게 사용하십니다.

**성품 브리지**|Character bridge

1 오늘 성령님께서 당신에게 순종하라고 말씀하시는 것은 무엇입니까?

2 오늘 성령님의 음성 앞에 당신이 할 수 있는 것은 무엇입니까?

**기도**

주님, 육체의 이기심과 욕심에 이끌리지 않고 성령님께 이끌려 사는 삶을 살게 도와주세요.

# 어려운 상황에서도 순종했던 스펄전 목사

**신명기 1:36**

오직 여분네의 아들 갈렙은 온전히 여호와께 순종하였은즉 그는 그것을 볼 것이요 그가 밟은 땅을 내가 그와 그의 자손에게 주리라 하시고

"구세주 되신 그리스도의 계명을 거절하는 신앙은 가식에 불과한 것으로 자신의 영혼을 구원할 수 없습니다. 우리는 우리를 구원하실 예수님을 믿습니다. 예수님은 우리에게 구원의 길을 지시하고 계십니다. 우리는 이 지시에 순종하며 따라야 합니다!"

강단 위에서 열정적인 그의 설교가 예배당에 가득 울려 퍼집니다.

"최후의 청교도"라 불리는 찰스 하돈 스펄전 목사는 하나님께서 주신 천부적인 언변의 재능으로, 말씀의 핵심을 따라 설교하는 사람으로 유명했습니다. 스펄전은 목회 사역뿐만 아니라 버려진 아이들을 위해 고아원도 함께 운영하고 있었습니다.

그러던 어느 날이었습니다. 그가 운영하던 고아원의 형편이 어려워져

많은 아이가 끼니를 거르게 되었습니다. 이것을 마음 아파한 스펄전 목사는 아이들을 위해 모금 운동을 하기로 했습니다. 사랑하는 아내와 모금 운동을 벌인 스펄전 목사는 무려 300파운드의 금화를 모으게 되었습니다. 그런데 그날 저녁, 스펄전 목사에게 순종을 결단해야 할 사건이 벌어집니다. 십자가 앞에 무릎을 꿇고 감사기도를 올리던 중 하나님께서 말씀하셨습니다.

"그 돈을 조지 뮬러에게 갖다 주어라!"

그 당시 조지 뮬러 목사는 스펄전 목사처럼 고아들을 돌보는 일을 하고 있었습니다. 하지만 자신의 형편 또한 너무 어려워 겨우 모은 돈이었기 때문에 스펄전 목사는 하나님의 말씀에 선뜻 순종하기가 어려웠습니다.

스펄전 목사는 갈등 끝에 다시 한번 하나님께 기도를 드렸습니다. 하지만 '나의 순종을 통해 역사하시는 하나님의 손길이 있을 것이다'라고 믿고 하나님 말씀에 순종하기로 결단을 내렸습니다.

그는 금화 300파운드를 들고 조지 뮬러 목사를 찾아갔습니다. 자기에게 절실히 필요한데도 순종의 성품으로 그 돈을 내놓은 것입니다. 스펄전 목사는 조지 뮬러에게 300파운드를 내밀며 "하나님께서 내가 모금한 300파운드를 목사님께 드리라고 하셔서 이렇게 가져왔습니다."

스펄전 목사의 형편을 잘 알았던 조지 뮬러 목사는 어려운 상황에서도 불평하지 않고 기쁜 마음으로 순종한 스펄전 목사의 행동에 크게 감동해서 말했습니다.

"저는 지금 우리 고아원 아이들에게 긴급하게 필요하니 300파운드를 보내 달라고 하나님께 간절히 기도하고 나오는 길입니다."

스펄전 목사 역시 놀라지 않을 수 없었습니다. 왜냐하면 자신이 생각지도 못한 하나님의 놀라운 역사였기 때문입니다. 조지 밀러 목사는 감격하여 그의 손을 잡고 함께 하나님께 감사기도를 올렸습니다.

그 후 사무실로 돌아온 스펄전 목사는 자신의 책상 위에 봉투 하나가 놓여있는 것을 발견했습니다. 봉투를 열어보니 315파운드의 헌금이 들어있었습니다. 스펄전 목사는 감격하여 그 자리에 무릎을 꿇고 "주여! 밀러 목사에게 300파운드를 주라고 하신 그 말씀에 순종하였더니 이렇게 이자까지 보태어 315파운드를 저에게 다시 보내주실 줄은 정말 몰랐습니다. 주님, 감사합니다"라고 기도를 드렸습니다.

스펄전 목사의 순종을 기쁘게 받으신 **하나님께서 더 큰 축복으로 채워주신 것입니다.**

순종은 이처럼 나를 보호하고 있는 사람들의 지시에 좋은 태도로 기쁘게 따르는 것(좋은나무성품학교 정의)입니다. 우리가 기억할 것은 우리를 보호하고 계신 하나님의 말씀에 기쁜 태도로 순종한다면 하나님은 또 다른 방법과 더 많은 것으로 축복을 허락해 주신다는 것입니다.


**성품 브리지**|Character bridge 🦋

1 어려운 상황임에도 불구하고 자기 뜻과 다른 하나님의 지시에 순종했던 경험이 있습니까? 결과는 어떠했습니까?

2 만약 당신이 스펄전 목사와 같은 상황이라면 어떻게 하겠습니까?

기도

주님, 어려운 상황에서 내 뜻과 다르더라도 하나님의 지시에 순종하도록 믿음을 주세요.

 순종의 차원이 깊어질수록 우리의 믿음도 커진다
_존 비비어

순종이란
나를 보호하고 있는 사람들의 지시에
좋은 태도로 기쁘게 따르는 것입니다.

Obedience is
Following the instructions of others
with a good attitude

_좋은나무성품학교 정의